三島桂太の挑戦

元ホームレスから世界を目指す男

内田雅章
(TOP CONNECT)
三島桂太
(根本改善美容家)

発行 TC出版 発売 万来舎

序章●三島桂太くんとの出会い

内田雅章

三島桂太という男

この本は〈三島桂太〉を紹介する本です。

〈三島桂太〉と言っても、現在彼のことを知っている人は世の中にそれほど多くはいないでしょう。東京・恵比寿で整体サロンを経営している整体師で、自分が開発した理論に基づき、マンツーマンで施術を行っています。顧客からは圧倒的な支持を集めているし、芸能人の顧客も多いので、何度かマスコミに取り上げられています。

とはいえ、手広く商売しているわけではなく、積極的に名前を売ろうとしている様子もない。会社組織というよりは、彼がひとりでサービスを提供している、いわばミニマムな企業形態です。

でも僕は、三島くんがすごい可能性を秘めていると感じています。彼の起業理念、経営ポリシー、人脈を作る力、そして夢の持ち方、実現の仕方は、ユニークでオリジナル。そしてこれからのビジネスに役立つヒントが、数限りなく隠されています。この本を通じて彼のことを知って欲しい。彼を通じて新しいビジネスチャンスに繋げて欲しい。そう思ってこの本を企画しました。

どんな人物なのかは、追って紹介していきます。まずはこのあと、この本の中で彼自身に語ってもらいますが、そもそもプロフィールがすごい。不遇な子ども時代、自殺未遂、ホームレス、難病、勤務先の倒産と、波瀾万丈です。さらにそんな荒波を泳ぎ切り、浮かび上がってくるまでのマインドが、これまた面白い。そう、本当にエキサイティングなんです。

いったい、何者だ？

彼とは、僕の講演会で知り合いました。どこかのイベントに来てくれて、講演のあとで挨拶を交わしました。名刺を交換したあと彼は、「もっと話が聞きたいです」「勉強させてください」と言ってくれた。

正直な話、社交辞令としてそう言ってくださる人はたくさんいるので、その中のひとりだと思っていました。「次はこういう講演会があるから、よければ来ませんか？」と言って別れました。

するとその講演会にも、彼は再び現れた。今度はなんと、奥さんと子どもを連れてきたのです。しかもその子は生後五ヵ月の乳児で、会場の一番後ろで大泣きしている。もちろん、講演する者にとって赤ちゃんの元気な泣き声は若干、いや大いに迷惑です。

「今日はたくさんの人に来ていただいて、赤ちゃんまで来て、応援してくれています！」とネタにさせていただきましたが……。そしてその日彼は、僕の本を大量に買い、サインして欲しいと言ってきたんです。

驚いたし、「彼は何者だ？」と思った。つまり僕の印象にくっきりと残り、僕に興味を持たせたのです。

第一印象で、深く知りたいと思うか思わないか、これは大事なことです。どんなに才能があっても、いかにやる気があっても、有能有用な人材であっても、相手の印象に残らなければ、何も意味がありません。どんなに素材が良くて味付けが良い料理でも、盛り付けが下手だったら食べてもらえないのと同じです。人間性うんぬん、才能うんぬんの前に、出会った人に興味を持たせる、惹きつける、相手をその気にさせる能力がないとダメなんです。彼にはそれがありました。

〈ふつうじゃない〉ところも、僕が大いに惹かれた点です。たくさんの人間と接してきましたが、「突出している人間は、何かしら常識から逸脱している要素を抱えている」というのが、僕の持論なんです。ビジネスの世界で大成功を収めている人間には、家庭を台無しにしているとか、ものすごくワガママだとか、好き嫌いが極端であるとか、何かしら欠陥が必ずある。

逆にバランスのとれた優等生は、順調に生きることはできても、大きな成功をつかむことは難しい。二番手三番手を任される可能性は高くても、てっぺんに立つには何かが足りない。人間的な欠落は、カリスマ性と表裏一体なんです。

三島くんがふつうとは程遠いことは、彼の生い立ちを聞く前から、感じていました。そもそも講演会に生まれたての赤ん坊を連れてくることからして、かなり変わっています。どうして？　と聞くと真顔で、「英才教育です。内田さんの話を聞かせたい。この子はちゃんと理解しています」と言うんです。まあ、悪い気はしませんでした

（笑）。

この特異性、この個性はどこからくるのか、がぜん興味を持ちました。

三万五〇〇〇円のマッサージ

三島くんの顔を覚えたあたりで、彼の職業は何かを聞きました。すると「マッサージをやってます」という。「興味ありますか？」と言うから、僕は正直に「ないない！」と答えました。どうせマッサージを受けるなら、妙齢の女性にしてほしい。それがかなわないなら、熟練した技を持つベテランの男性がいい。三島くんのような若いイケメン男性にマッサージしてもらう必然性は、ありません。

しかも彼のマッサージ代は、高いんです。なんと一回三万五〇〇〇円。それだけの高額を払って、社長や芸能人が三ヵ月も予約を待っているという。その彼が、「無料にしますから一回来てください」というんです。忙しいからと断っても、この日なら空いてます、いや空けます、と、候補日をたくさん出してくる。だったら一度受けてみるかと、行ってみました。

半分くらい寝ていましたが、なるほど、と思いました。たしかにスッキリした。施術後に、お礼のつもりでいくつか改良すべき点を指摘しました。サロンの形態とか彼の接客について、顧客の満足度を上げるために何をすべきか、という視点です。

この時点で、僕はすでに彼の術中にハマっていたのかもしれません。彼は知り合った人間、親しくなった人物から何かを吸収する能力が抜群に高いのです。別にガツガツしているわけじゃない、教えてくださいとすり寄るわけでもないのに、彼を知れば知るほど、こちらは何かしらアイデアを提供したり、助言をしたくなる。そういう男です。

僕の味方に

その後、彼は僕の講演会に何度も足を運んでくれたのですが、あるとき、「僕の仲間を呼んでいいですか?」と言うんです。「内田さんの話を聞かせたいんです」と。もちろんＯＫしましたが、次の講演会になんと二〇人以上、友だちを引き連れてきました。

ここで〈三島桂太〉という人物像が、さらに膨らみました。どんな形であれ、これだけのことをするには、ふたつの条件を満たしているからです。

ひとつは、彼には友だちがたくさんいて、しかも信頼されている、ということ。

もうひとつは、僕の話を本当に評価してくれている、だからこそ友人を動員したのだろう、ということです。

このふたつの条件を満たしている彼は、すでにこの時点で僕の味方です。

さらにこのあと、三島くんは仕事上で僕の力になってくれました。さまざまな芸能人の顧客がいる、その中のひとり、女優の石野真子さんを紹介してくれたのです。

石野真子さんが所属する芸能事務所フロム・ファーストプロダクションの社長、小口文子さんが彼の顧客であり、施術によって歩行困難だった足がすっかり良くなり、歩けるようになったそうです。石野真子さんと小口社長、僕と三島くんの四人で食事をしたときも、小口さんは彼の技術を絶賛していました。第三者が本気で彼を褒めるのを聞くと、彼の整体の技術を、僕も認めざるを得なくなりました。

ここで、小口文子さんの三島くん評を、ご紹介しましょう。

今から3年半ほど前、私は原因不明の足の痛みに悩まされていました。なんとなく足が痛い、歩きにくいと感じ、それをかばいながら歩いていたので無理が出たのか、股関節にも違和感を覚えるようになりました。痛みは治まらず、だんだん歩くのが辛くなり、外出するときは杖代わりにカートを引くようになりました。

そんな私を見て、まわりの人たちはいろいろな治療を勧めてくれました。ブロック注射からスピリチュアルなものまで、言われるままに次々と試しました。マッサージしたり、なでたり、さすったり。そして施術が終わるとたいていの方が「ちょっと歩いてみてください。よくなっているはずですよ」とおっしゃいます。

そう言われるとたいてい私は、「あ、本当ですね」と、相手に合わせて言ってしまうのですが、実は何も変わっていません。どこに行き、どんな施術を受けても相変わらず痛いまま、歩きにくいままでした。

半年くらい、そんな状況が続きました。そんな私を見て、なにか重い病気なのではないかと心配や憶測がつのることは、事務所に対しての不安感を生じさせることにもなりかねず、本当に困っていました。

そんな折、奇跡としか言いようのない、三島さんとの出会いに繋がる出来事が

上：小口文子氏（右から 2 番目）とともに
下：女優・石野真子さんとともに

ありました！

うちの事務所に所属する石野真子の、コンサート会場での出来事です。

「まだ杖なんかついてるの？」と、石野のファンで顔見知りの方が、声をかけてくださったのです。「僕の知り合いに三島という優秀な施術者がいるので、騙されたと思って、一度行ってみてください」と。

年末の忙しい時期でしたので、予約したものの、一度はキャンセルしました。次に予約したのが、暮れも押し詰まった一二月二八日でした。

サロンに行ってみると、三島さんは私を鏡の前に立たせました。自分の全身の姿を見てみると、左右の腰の位置が違います。

「これはズレています。腰の位置がズレているということは、足先の指からずーっとズレの影響でねじれているので、まずはそれを直しましょう」

そう言うと、三島さんは一生懸命私の足をなでたり、さすったり、施術してくださいました。そして言うのです。

「ズレているだけなので、多分この施術一回で治ると思います。ズレていた時期が長いので、炎症を起こしているかもしれませんが、その炎症は三日か四日で治まると思います」

　私はあちらこちらで同じようなことを言われてきましたから、何を言われても半信半疑です。一応、「そうですか、わかりました」とだけお答えしました。そして来たとき同様、カートを引きながら家に戻りました。なんとなく、足の感覚が違うな、と思いながら。

　それから年末の休暇を家で過ごし、四日後、お正月の一月一日の朝です。目覚めてベッドから降りると、すたすたと歩いている私がいました。気が付くと、足の痛みが消えていたのです。

「え？　ちょっと待って！」と思いました。確かめるために、自宅の廊下をまっすぐ歩いてみました。すると、痛みはまったくなく、歩けます。どこにも負担をかけずに、何も意識せずに、ふつうに、歩けるのです！　それがどんなに嬉しかったことか！


勉強家にして努力家、何か特別な力があるのでは？

　たった一回の施術で私の足を治してくださった三島さんに、私は感激しました。

「人間の身体には、基本というものがある。だからまずは基本に戻してあげることが僕の仕事です」という言葉は、まさに私の身体に起こったトラブル、そして三島さんによって治った事実と一致します。私の身体は、元に戻ったのです。

その後も月に一回程度、身体を整えるために三島さんのサロンに通い、施術を受けながらいろいろと彼の話を聞きました。すると、本当にいろいろな経験をなさっている。ホームレス経験まであると伺い、びっくりしました。

ホームレスと聞くと、それほど良いイメージはありません。三島さん自身は正直に、嘘をつかずに生きている方ですから、順を追って話を聞けば、そうなった経緯もなんとなく理解できます。でも、そうでない限り、首を傾げてしまう人も多いと思うのです。

ですから今回、この本で三島さんの生きてきた軌跡をていねいに書かれると伺って、ちょっと安心しました。

足を治していただいてから、三年たちます。その三年の間にも、三島さんには驚かされることばかりです。いつも本当に、勉強家です。いろいろなことに対して貪欲に知識を吸収しようとしていますし、いつも何かに挑戦しています。そして何か新しいものを習得するのが、人並み外れて早いのです。

この三年の間に、ふつうの人の一五年分は生きていらっしゃるのではないかと思うくらい、三島さんはすごい早さで成長しています。彼の持っている技術、彼の学ぼうとする力、彼の人脈、生き方、何もかも、素晴らしいと思います。ふつうの人が勉強しても、なかなかそこまでには到達しませんから、彼は特別な何かを持っているのかもしれません。

彼のまわりには、たくさんの人たちが集まっています。年齢や業種に関係なく、いろいろな繋がりが生まれているようです。三島さんはその人脈の中で、この人にはこの人を紹介したら喜ぶのではないか、新しい何かが生まれるのではないかと、人と人を繋げることも、なさっているようです。そんな努力を人のためにやれるのは、すごいことだと思います。

たぶん彼は、自分の本当の役割を見つけたのではないでしょうか。

これは私自身の経験から得たことですが、生まれてきて、いろいろな紆余曲折があったとしても、自分が自分に正直になり、懸命に努力すれば、歩むべき道が見つかるのだと思います。荒んだり、悩んだりする時期は誰にでもあると思いますが、誠実に生きようと心を育てれば、道は見つかるものです。彼は、彼の道を見つけたのだと思います。

これからも、応援しています

三島さんがこれから何をしていくのか、どちらに伸びていくのか、何にせよ、協力したいと思っています。一生懸命に生きている人は、絶対に自分の目標を達成しますし、その人の前に道は拓けていくと思います。三島さん自身が本当に良いと思うこと、自分を犠牲にするのではなく、喜びをもってできることを続ければ、これからも絶対にうまくいくと確信しています。

さらに、小口さんの事務所には俳優の竹中直人さんも所属しているのですが、僕が雑誌に連載しているインタビュー記事のゲストに、「ぜひ竹中さんをお招きしたい」とお願いしたところ、それも快く引き受けてくださった。そのときは三島くん自身が仲介してくれました。

ここまでくると、三島くんの存在は大きくなります。講演会に仲間をたくさん呼んで、盛り上げてくれる。毎回家族と一緒に講演会に来る。芸能人の顧客を紹介してくれる。芸能事務所の社長と繋いでくれる。僕にとってのメリットが重なってきました。

人脈作りのメソッド

ここで僕も、彼と向き合おうという姿勢になりました。今度は僕が、彼のために動く番です。まずは僕のまわりにいる社長たちを、三島くんに紹介することにしました。僕の今までの著書を読んでくださっている方はもうお気づきだと思いますが、彼は僕の人脈作りのノウハウを実に忠実に、効果的に実践しています。

相手がどんな情報を求めているのか、何を必要としているのかを察知して、適当なタイミングでそれを提供する。

相手の土俵に立つだけでなく、自分の持ち場で役に立つことを探すこと。そのほうが相手にとって未知の世界を知ることになるからです。さらにそれは自分が無理をしないですむ範囲内に収めること。相手が負担に感じ、重荷に感じることのないように。

そうしたことの積み重ねで、相手もこちらの存在を認め、なんらかのメリットを提供してくれるようになる。やがて、お互いのメリット提供がシステム化していく。それが僕の人脈作りの理論です。

つまり僕は、自分が提唱した人脈作りのノウハウを三島くんに実践され、その術中にはまってしまいました。

そして僕は思ったのです。三島くんの本を作ったら、面白いのではないか、と。そして早速、本人に打診しました。

そういう提案をしても、「自分なんてまだまだ若いから、無理です」「そのうち、時期が来たら、お願いします」と、断ってくる人もいます。「まだ僕は成功していない、道半ばなので」と、迷う人も多いです。ところが彼は、その場でＯＫしてきました。「実はずっと前から、本というメディアに進出したいと思っていたんです！」

というわけで、この本は誕生しました。

冒頭で申し上げた通り、彼のあり方、仕事の仕方、生き方には、これからのビジネスに有効なヒントが、数多く隠されています。種があるのなら、水をあげ、育てなければならない。大切なのは、これからです。

まずは三島くんのこれまでの話を、読んでみてください。

三島桂太の挑戦　もくじ

序章●三島桂太くんとの出会い　内田雅章

一章●三島桂太のヒストリー

二章●三島桂太のビジネス・ポリシー

三章●内田雅章、三島桂太と語り合う

付●三島塾から——生の証言

❶鈴木宣子さん

❷小林圭さん

三島桂太のヒストリー

1

壮絶な生い立ち

内田 三島桂太くんの生まれ育った環境は、僕から見るとかなり特殊なものです。一九八七年四月八日、東京の病院で誕生。一年ほど埼玉で育ち、そこから岡山に引っ越し、さらに広島に移り住んだといいます。家庭の事情で場所を転々としただけでなく、彼の父親が、かなり特殊な存在でした。
　その強烈なキャラクターが、三島くんの人格形成にかなりの影響を及ぼしているようです。

三島 父親は身長が高く、ガタイもよくて、顔も二枚目。若い頃は俳優をやっていて、途中までは順調。北大路欣也さんと連続ドラマに出たこともあり、石原裕次郎さんにスカウトされたという話も聞きました。実際に、裕次郎さんが出演するドラマに出演しており、一緒に写っているポスターの映像が残っています。
　ところが、何が原因なのかはわかりませんが、徐々に仕事が減っていき、結果、俳優の仕事に見切りを付けた。そして東京を引き揚げました。父と母、僕と二歳年上の兄、一家四人で岡山に移り住み、数年後、広島の家にひとまず落ち着きました。以来父は仕事につくことはなく、僕ら一家は父の実家から援助を受けながら生活をしていました。

父は、挫折感を紛らわすためなのか、毎晩毎晩お酒を飲んで、暴れていました。酒乱です。自分は俳優だ、特別な存在なのだという思いを捨てきれなかったんでしょう。いったん暴れ出すと止まらないので、暴力が収まるまで僕ら子どもは部屋の隅で、じーっと息を殺していたのを覚えています。

それに父は博打が好きで、土日は必ず競馬や競艇に行っていました。お金はすべて父に吸い取られました。父は家の中では絶対君主で、子どもの僕にとって父は圧倒的な存在でした。

うちはどうやらふつうの家とは違っている、と気が付いたのは、学校に行くようになってからです。うちには、クリスマスもお正月もありませんでした。お年玉も小遣いも、もらったことがない。よその人からお年玉をもらうと、すぐに親に没収されました。父親の酒代に消えていたんです。

だから文房具や洋服など、何か欲しいときには、申告制でした。「これこれが欲しいです」と言って、それが正当な要求として受理されれば、買ってもらえる。すべては父親の気分次第です。機嫌が良い日や競馬で勝った日を狙えば手に入るけれど、逆に機嫌の悪い日だと、殴られておしまい。ですからいつも、父親の顔色を伺っていました。状況判断がうまくできないと、痛い目にあうのはわかっていました。

何もしなくても、殴られました。ある日、父が人から借りた一万円が、どういうわけだか消えてしまったというのです。すぐそばにいた僕が疑われました。まだ三歳の僕が、です。知らない知らない、と泣いても泥棒と決めつけられ、張り倒されて終わりです。

こんなこともありました。兄の誕生日に、母が頑張ってすき焼きを作ったんです。子どもが主役の日だからと、砂糖を多めに入れて作ってくれました。すると、父がそのすき焼きを最初にひとくち食べて、「こんなもの食えるか！」とちゃぶ台をひっくり返した。せっかくのご馳走が、畳の上に無残に散らばっている光景は、忘れられません。

もともと父の実家は、地元の名家だったと聞いています。祖父は国から勲章をもらうような人で、祖母は京都大学を出たエリート女性だったらしい。資産家で、僕と兄が大学に進学するとき使うようにと、ひとり二〇〇〇万円ずつ用意してくれていたそうです。でもそのお金も結局は父が、酒と博打に使ってしまいました。

母は東京出身で、父が俳優をしていた頃に東京で知り合い、恋愛結婚したと聞いています。広島に移ってからは、知り合いがひとりもいない土地で、慣れない農業をしながら、僕と兄を育ててくれました。田舎ですし父の実家の援助があったので、なんとか暮らしていけたのだと思います。一時期母は、父の命令でパートの仕事をしていましたが、その賃金もすべて、父の酒代に消えました。

その上母は、父から日常的に暴力を受けていました。母が殴られるのを僕ら子どもたちは何度も見ています。

父の酒乱と賭け事、そして暴力に耐えきれず、母は何度も家出をしました。僕と兄はまだ幼かったので、そんなときには祖母が僕らの面倒を見てくれました。

その頃、忘れられない思い出があります。兄が小学校、僕は幼稚園に通っていました。兄は給食があるけれど、僕はお弁当を持たされる。祖母が毎日作ってくれたのですが、そのお弁当の中のご飯には、洗剤が入っていたのです。米をとぐときに洗剤を入れ、すすぎもしないでそのまま炊いたとしか思えない代物でした。痴呆だったのか、まさか幼い孫に嫌がらせとは思えませんが、とてもじゃないけど、食べられたものじゃない。毎日それを捨てて、まわりの子どもたちに少しずつ分けてもらって、生き延びました。

当時祖母は、僕のことが嫌いでした。兄はお行儀も成績も良く、大人の言うことを聞く良い子でしたが、僕は思ったことはすべて口にする、落ち着きのない子でした。祖母は露骨に兄をひいきして、僕にはけっこうえげつない態度を取っていた。だから僕も、この洗剤弁当のことを誰にも言えずにいました。祖母はすでに亡くなってしまったので、もう確かめる術はないのですが、あの洗剤ご飯はいったいなんだったのか。僕にとってのトラウマです。

反抗し、イジメられた子ども時代

内田　かなり壮絶な家庭環境です。幼い頃から父親の顔色を伺ったり、母親の苦労を目の当たりにしたり、祖母の行動に脅かされながら過ごしてきた。安心できる瞬間がどこにもない環境で、よくサバイバルしてきたと思います。周囲の人間の感情を読み取る、気配を察する、先を読むという訓練には、なったのかもしれませんが。

では、学校ではどうだったのか？　彼にとっては学校も、居心地の良い場所ではなかったようです。

三島　正式にそう診断されたわけではありませんが、小学校時代の僕は、ADHD（注意欠陥／多動性障害）だったのかもしれません。当時はそんな概念すらなかったので、ただの悪ガキと思われていたでしょうね。とにかく、じっとしていられないんです。いつも動き回っているし、大きな声でわめく。乱暴なこともしたし、ルールが守れない。友だちもできなくて、周囲に溶け込めない。浮いていました。

でも小学校高学年になると、とても良い先生と巡り会うことができました。その先生は一年中、夏休みだろうと冬休みだろうと毎日、僕をサポートしてくれた。僕と真正面から向かい合い、受け止めてくれた。愛を持って僕に接してくれたので、僕もだんだん落ち着くことができました。

たぶん子どもの頃の僕は、集団の中でどうすればいいのかわからなくて、不安で、でも自分のことを認めて欲しかったのだと思います。最初はいじめっ子、いじめる側だったのですが、だんだんいじめられる側になりました。

僕は、自分より年上の子ども、先輩たちに対する反抗心が異常に強かったんです。小学校五年生の時点で、六年生や中学一年の先輩たちに噛みついていました。たかだか一年や二年、先に生まれただけで偉そうにされるのが我慢できなかった。

思ったことはすぐに口に出してしまうタチなので、言えばすぐにボコボコにされる。中学で僕は陸上部に入っていたのですが、校庭で走っていると必ずサッカーボールが飛んできました。頭や足を直撃される。標的にされていたんです。

もちろん僕は教師にも、徹底的に反抗しました。気にいらない教師の言うことは、無視していました。その最たるものが英語の教師です。

中学に入学したばかり、一年生の最初の英語の授業で、その教師の授業がすごくつまらなかった。それで無性に腹が立ったんです。その日の放課後、英語の教科書をライターで燃やしました。あとから怒られて教科書をもう一度買い直しさせられましたけど、結局最後まで一度もその教科書を開きませんでした。

どうしてそんなに反抗的だったのか。今だから思い当たる理由がひとつあります。

父親直伝の、帝王学です。

父親は、前にも言った通り俳優をやっていたのですが、子ども時代の僕に毎日毎日、「俺はすごかった」「俺はすごいことばかりしてきた」と繰り返し言うのです。「だから俺の子どもであるお前も、そうするべきだ」と。僕は素直にそのまま、父の言葉を信じ込んでいました。

だから幼稚園の時点で、僕はすでにいっちょまえの暴君でした。自分は偉い、自分は特別な存在だと思い込んでいた。幼稚園の先生が言うことなんて、バカにしていました。こんなヤツらの言うことを聞く必要なんてない、と思っていた。小学校に上がってからも、好き放題にしたいことだけして、自分は正しいと思っていた。自分で自分のことを、人気者だと思い込んでいました。でも小学校二年、三年と成長するにつれ、だんだん、現実に気が付いていくんです。僕には友だちがひとりもいませんでした。

僕の良さがわからない大人たちはバカで、僕のことを認められない同級生たちもバカで、僕をいじめる先輩たちもバカばかり。善人面して生きている教師たちは、クソばっか。「死ね」「むかつく」「いらん」「ババア」などなど、ネガティブな言葉ばかり口にするようになって、小学校時代は過ぎていきました。

そんな人間に良いことが起こるはずもなくて、中学時代は暗黒期でした。坊主頭にビン底のメガネをかけて、暗い顔をしていました。友だちはいない、教師はクソなヤツらばかり、勉強は苦手だし、陸上部で走っているときだけ楽しかった。部活以外は地獄なので、毎日小説の「三国志」とマンガをずーっと、繰り返し繰り返し読んでいました。

両親の離婚

内田　地方で育ち、家は貧しい。家庭環境も良くない。学校にも居場所がない。友だちもいない。成績も良くない。ひとりの人間が未来を思い描く上で、条件としては最悪です。

しかも子ども時代の三島くんの周囲には、彼を理解してくれる人間が誰もいなかった。彼を受け止め、認めてくれる人間がいなかった、ということです。

さらに三島くんは少年時代、つらい経験をしています。両親の離婚です。もともと両親は不仲だったわけですが、正式に別れるまでの間、スリリングな時期を経験しています。

三島桂太くんの母親、ユウコさんからも話を聞きました。

三島ユウコ　上の子が小学校六年、桂太が四年生のときにふたりを連れて、家から逃げ出しました。そのとき家にあった現金七万円を握りしめて、三人で家出したんです。夫の家庭内暴力がひどくて、私はなんとか我慢していたのですが、上の子がチック症候群を発症しました。そして「このままだとあいつ（父親）を殺してしまうかもしれない」と言い出したのです。そんなことはさせられない。とにかく家を離れました。でも転校させるのはかわいそうなので、山ひとつ越えたところにある町に部屋を見つけ、毎朝そこから、桂太を小学校まで送っていきました。

家出は子どもたちを守るためにしたことですが、まだ桂太には大人の事情がわからなかったのでしょう、心が荒れてしまいました。暴れるようになり、アパートの壁を蹴ったり、私にも突っかかってくるようになりました。

叱ってもなだめても、暴力は止みません。私と桂太で闘って闘って、もうどうしようもないと思った段階で、非常手段に出ました。桂太を車で近所にある林の中に連れて行き、包丁を渡して、「そんなに暴れるのなら手に負えない、ここで私を殺しなさい」と言ったんです。さすがに驚いたのでしょう、そこから少し大人しくなりました。

内田 家庭が崩壊したことによって子どもが家庭内暴力に走ることは、それほど珍しいことではありません。でもここまでドラマチックなケースは、レアでしょうね。

三島くん本人はいったいどんなふうに当時のことを記憶しているのか、聞いてみました。

三島 母と三人で家を出たあと、小学校で授業を受けていると、父親が学校に乗り込んで、兄と僕を捕まえに来たことがありました。田舎のことですから、先生たちも僕の家の事情を知っているので、僕らに協力してくれました。先生たちが父をなだめて引き留めている間に、兄と僕を逃がしてくれたんです。

父は、母と僕らが暮らしていたアパートにも突然やって来ました。部屋のドアをどんどんと叩いて「開けろ！」って怒鳴ったこともある。怖かったです。そのときは裏の出口から逃げました。

家出して三人の生活になってから、母は本当に頑張ってくれました。兄と僕が幸せになるために、とにかくお金を稼がないといけない。当時女性の働き口はそんなになくて、とりあえず始めたのが保険の仕事でした。

それまで母は外で働いたことがなかったのに、仕事のスイッチが入ったんでしょうね。かなり優秀なセールスウーマンだったようです。昼間勤務先を訪ねて勧誘するだけなら、他の勧誘員と同じことしかできない。だったら自分は夜、客が自宅に戻ったところを訪ねて、ゆっくり話を聞いてもらおう、と。すると面白いように契約が取れたのだそうです。その代わり、昼夜を問わず働く必要がありました。

しかも母は、子育てにも手を抜かなかった。仕事の合間に家に戻っては、兄と僕のために料理を作り、食べさせてくれました。あの頃、出来合いのものやインスタントの食品を食べた憶えはありません。誕生日のケーキも手作りして、祝ってくれました。僕が最終的にぐれずにすんだのは、あの手作りの料理のおかげじゃないかと思っています。

とはいえ、たしかに僕は一時期、荒れたんです。母子三人で家から逃げ出したとき、

亡くなった父親を囲んで

母に言われた言葉が心に突き刺さっていた。こう言われたんです。
「桂太はお父さんと似ているし身体も丈夫だから、世の中に出てもなんとかなる。でもお兄ちゃんは身体が弱いし気持ちが優しすぎるから、お母さんはお兄ちゃんのほうを大切にするからね」って。さらに「お兄ちゃんは勉強もできるし学校で人気者なのに、なんで桂太はトラブルばかり持ってくるの？」とも。
　父親に似ているということは、僕にとって良くも悪くも、大きな要素だと思います。父親に言われた「オンリーワンであれ」という言葉は、今も僕の中で大きな比重を占めている。「俺は偉いんだ」とは思いませんが、「自分は自分だ」という確信に形を変えて、僕の芯になっていると思います。

父は、この本を制作中の二〇一八年六月二二日、七六歳で永眠しました。長い間連絡を取っていなかったのですが、数年前に再会し、和解していました。最期を看取ることはかなわなかったのですが、岡山の病院に入院中、電話で交わした会話が最後になりました。

「お父さん、生んでくれてありがとう」

「桂太が大きくなってくれて、ありがとう」

僕にとってはワン&オンリーの、大好きな父でした。

一五歳で家を離れた

内田　劣悪な環境にあったけれど、彼は母親にはとても愛されていました。でもその愛情も、兄という存在が邪魔をしている。父親からもある意味、愛されている。でもその愛情は支配的でいびつなものだった。

そんな中で彼は自分らしく生きるために、模索します。高校入学とともに家を出たのです。

三島　中学では暗黒時代を過ごしたので、高校は誰も僕を知る人がいないところに行こうと決めました。でも成績は良くなかったので、スポーツ推薦枠を利用しました。陸上部でそれなりに成果を出していたので、道が拓けたんです。誤算だったのは、進学した世羅高校が日本で一番の強豪校だったということです。

推薦枠で進学した生徒はみんな、日本一になるために走ろうとしている生徒ばかり。そんな中、僕は中学から逃げるためだけにその学校に行った。だからモチベーションからして違うんです。一生懸命やっているつもりでも、そのギャップは大きかった。

それに、運動部員は寮生活が前提なのですが、集団生活が苦手なので、僕は我慢できずにすぐに寮を飛び出してしまいました。結局、二年後には陸上部もやめてしまいました。

怪我をしたわけでもないのに、スポーツ推薦枠で入学しながら退部した人間は、七〇年の歴史でお前だけだと言われました。当然、高校でもいじめられる毎日でした。

同級生や上級生の生徒に呼び出されては、ボコボコにされる。でも僕は何も悪いことをしているとは思わないので、態度はでかいままです。そこでまた、呼び出される。その繰り返しです。

当時の僕は、そんなつらい毎日をどうすれば楽しく過ごせるのか、そればかり考えていました。苦しいことばかりだけど、その状況は簡単には変えられない。だったらそれを楽しんでしまえばいいと思ったんです。楽しみを見つけてしまえば、こっちのもんだ、と思っていました。

「楽」って、「らく」と読むか、「たのしい」と読むか、二通りの解釈がありますよね。僕は絶対、「たのしい」ほうが好きなんです。苦しくて大変なとき、「らく」になろうとすると、逃げたり妥協する必要がありますよね。でも逆にそれを楽しんでしまおうと思えば、なんとでもなる。要は僕のマインド次第じゃないかと思ったんです。僕はどうやったら楽しく過ごせるか、そればかり考えていました。つらい毎日を楽しい毎日にするのは、そう簡単ではありませんでしたけど。

そんな中、バイトだけが息抜きで、楽しかった。二四時間営業のファミリーレストランで働き、空き時間は当時付き合い始めた彼女の家で寝ていました。

この時期、女の子たちにはずいぶん世話になりました。付き合った彼女の中には、レディースの総長だった女の子もいます。ふだんはふつうの可愛い女の子なんですが、夏休みの終わりに急に話がある、と言われました。「明日から一週間、神戸に、抗争に行かないといけないから」って。驚いているとガレージに案内され、特攻服と集合写真を見せられて、なるほど、と。一週間後に戻ってきたら、本当に生傷だらけになっていました。

そんな彼女も、今はふつうの主婦として幸せに暮らしています。今でも良い友だちです。

内田　ようやく、今の三島くんに繋がるヒントが出てきました。

ひとつ目は、スポーツ推薦枠で高校に進学したこと。自分の手札の中で、一番可能性がありそうな、有効な手札を迷わず切っている。多少の誤算はあったかもしれないが、少なくとも彼は、高校入学と同時に家からの脱出を果たしたわけです。

ふたつ目は、「要は自分のマインド次第。楽しんでしまえばこっちのもの」という発想です。こんな最悪な状況の中で、よくそんな発想が出てくるものだと思います。

まだ高校生だというのに。

それに、相手の懐にするりと入り込む才能は、この頃からあったんですね。付き合っている女の子の家に寝泊まりしていたとは！　とはいえ、男同士だと不器用にぶつかってしまう人間が、女性には受け入れられることは多々あります。女性のほうが、相手の本質を見極め、受け入れる能力が高い。女性のほうが器がデカイんです、きっと。

ここから、彼の彷徨はさらに続きます。

大阪でコミュ力アップ

三島　僕は多少吃音の傾向がありましたし、声が小さくて滑舌も悪かった。とりあえずこれを直すことから始めようと思って高校を卒業後、声優の専門学校に入りました。さらにユーモアのセンスも磨きたいと思っていたので、大阪の学校を選びました。母親にはこれ以上甘えられないと思ったので、新聞奨学制度を利用し、毎朝、朝刊を配ってから学校に通いました。

コミュニケーション能力も高めたいと思いました。なにせ友だちがひとりもいなかったので。でもそのために何をすればいいのかわからないので、とりあえず空いた時間はすべてナンパに費やしました。

毎日、空き時間になると大阪のどこかの街角に立って、女の子に声をかけます。「ねえ、連絡先の交換とかしなくていいから、今日一日、一緒に楽しく過ごしませんか?」って。「興味ないです」って言われたら、「はい、そうですか」って大人しく引き下がる。興味を示してくれる子がいると、「ありがとう!」って、一緒にお茶してご飯食べてセックスして、バイバイ。中には「また会いたいから連絡先を交換して」って言い出す女の子もいましたけれど、「最初に交換しないって約束したよね? 縁があったら絶対またどこかで会えるはずだよ」って。

そんな生活をしていると、睡眠時間は二時間とれれば良いほうです。でも充実感がありましたし、狙い通り、コミュニケーション能力もアップしている実感がありました。大阪周辺の目抜き通りを歩いている女の子たちですから、関西のお笑い感覚、ノリツッコミもしばしば鍛えられました。しかもトータルで約二〇〇人くらいの女性と関わりを持ったので、観察力は磨かれたと思います。会って話すだけで、相手がどういう人間なのか、感覚でわかるようになりました。

約二年、そんな生活を続け、声優の学校を卒業しました。

だけどお金はない、仕事もない、友だちも相変わらずできないままでした。

大阪で芸能事務所から声をかけられ、一時期、芸能レポーターのような仕事をさせてもらっていたこともあって、どうせやるなら、と、二〇歳で東京に出ることにしました。

内田　三島くんの、人と接したい、人に何かを発信したいという漠然とした夢が、この頃から形をとり始めます。とりあえず声優学校を足がかりに、芸能活動を通じて自分の可能性を広げようとした。それも親がかりではなく、新聞配達をしながらというのは、偉いですよね。

世の中に芸能人を目指す人間はたくさんいると思うけれど、コミュニケーション能力を磨くために、大阪で一〇〇人斬りする人間は、まずいないでしょう。

発想が面白いのと同時に、それをすぐさま実行してしまうのが、三島くんの個性であり、強みでもある。ルールを無視してでも自分を磨く、という三島くんのやり方は、この頃から始まっていたようです。

二〇歳、東京へ

三島　東京に出ると、最初はバイトを四つかけもちしながら、小さな芸能事務所に所属しました。働いていたのはアパレル関係の売り子、コンビニ二軒、歌舞伎町のインターネットカフェ兼マンガ喫茶。中でも一番印象に残っているのは歌舞伎町のマンガ喫茶です。

　そこはすごく変な店で、主な客はホストとキャバ嬢、ヤクザとホームレス、そして謎のマダムしか来ないんです。謎のマダムというのは、明らかに金を持っていそうな熟年のご婦人で、入ってくるなり「ここはどういう店なの?」と聞いてきました。これこれこういう店です、ジュースはここで、マンガはここで選んでください、と丁寧に教えてさしあげたら帰り際、「すごく楽しかったわ、ありがとう」って、ハンカチに包んでチップをくれた。その日、所持金が三〇〇円しかなくて、あと二週間どうやって生き延びようかと困っていたので、「助かった、三〇〇〇円か?」と思って見てみたら、なんと三万円入っていました。

ホストとキャバ嬢のカップルも多かったのですが、中に、こんなふたりがいました。男は身長一八〇センチくらい、やたらと威張っている。僕が案内したのが靴を脱がなければいけない席で、「他にないのか？」とすごまれたけど、「すいません、ここでお願いします」と言ったら、イヤイヤ靴を脱いだ。すると、さっきまで身長一八〇センチだったのが、いきなり一六〇センチになってしまった。ブーツの中にティッシュを詰め込めるだけ詰め込んで、サバを読んでいたんです。

そういう多彩な客の生態を見るのが面白くて、それで続けていたのですが、正直、ウンザリもしていました。毎日毎日バイトに追われて、「なんで俺、こんな場所にいるんだろう」と思っていました。

内田　バイト生活に明け暮れながら、東京に来てからも三島くんは多種多様、多彩な人間たちを観察しています。そこから彼が得たものが感性として今、生きているんでしょう。

それにしてもずいぶんいろいろな人間を見て、直に接してきたんですね、彼は。たくさんの人間と接したこの時期の経験は、今の彼に潜在的に大きなプラスになっていると思います。

もちろん、何も考えずにいろんな人間とすれ違っていても、何の役にも立ちません。でも自分の視点を持ち、そこから相手を見ていれば、逆に自分が見えてくる。世間は自分を映す鏡なんです。そしていろんな人間との距離感を測れば、自分の立ち位置が見えてくる。

芝居なんて嫌い

三島 そのうち、俳優業のほうで動きがありました。大手の芸能事務所を紹介してもらって、そこに所属したところ、少しずつ仕事が入るようになったのです。でも、実は僕自身、俳優という仕事をやりたいと思ったことは一度もありません。芝居するのが嫌いなんです。
舞台やドラマを観るのは好きですが、自分が演じることには違和感がありました。俳優は何かの役をもらってそれを演じるのが仕事ですが、僕は自分から何かを発信す

10年来の親友であり、茨城県観光大使、声優であるアーティストの安達勇人氏と

る存在になりたかった。おしきせの台詞ではなく、自分の言葉を語りたかった。僕はみんなを楽しませるタレントになりたかったんです。

できることなら、昆虫タレントになりたかった。僕は昆虫が大好きなんです。昆虫の素晴らしさを自分の知識を駆使して発信するような仕事がしたかった。今、香川照之さんがNHKのEテレでやっている『昆虫すごいぜ！』という番組こそ、僕の理想でした。

でも事務所は、せっかく顔が良いのだから、俳優からスタートしろと言う。好きなことは、役者として売れてからやればいい、と言うのです。

　事務所に言われるまま、ドラマや舞台のオーディションを受け、いくつかの役をいただきましたが、苦痛でした。「なんでこんなことしなくちゃいけないんだ？」って。

　ここまで読んでくださった方はおわかりだと思いますが、僕は自分がしたくないことは、したくない。わがままだし、頑固なんです。ＣＭにも出していただいたし、映画もドラマにも出演しましたけど、とにかく楽しくない。だんだん追い詰められていきました。

内田　昔から頑固だったんですね。たいていの人間は、とりわけ芸能界に入りたいという野望がある人間なら、ここまできたら芝居だろうがなんだろうが、流されてしまいそうなものですが。三島くんは自分の感じる違和感に対して妥協しない。この頑固さは、かなりのものです。
　人の言いなりになる俳優ではなく、自分から何かを発信したいという夢は、もちろん当時の事務所関係者にも伝えたらしいのですが、相手にされなかったそうです。

自殺頭痛に取り憑かれる

内田　そしてこの頃から、彼はもうひとつ、大きなトラブルを抱え込むことになります。

三島　群発頭痛、別名自殺頭痛と呼ばれる病気を、一八歳くらいで発症しました。

一年のうちひと月からふた月、季節の変わり目に突然強烈な頭痛に襲われるという病気です。僕の場合は一〇月〜一一月でした。その期間になると一日二四時間のうちの五〜六時間、突然バットで殴られ続けるような、強烈な頭痛が続きます。

泣こうがわめこうが、痛みが取れない。薬を飲んでも効きません。痛みのあまり鼻水と涙とよだれがずっと止まらない。痛みの発作があまりにひどいので、衝動的に自殺してしまう人もいるので、別名が「自殺頭痛」なんです。

痛みが治まっている間も恐怖が続きます。次にいつ痛くなるのだろう、次の発作で自分も自殺してしまうのではないかと、戦々恐々とする日々が続くのです。

その痛みを軽減する薬が当時一種類だけ認可されていて、保険も適用されるのですが、それでも驚くほど高価です。新聞配達している頃も、東京でアルバイト暮らしをしているときも、毎年その痛みはやってきました。アルバイト代は痛み止めの薬を買うために消えていきました。医者は「これは治りません。一生付き合いましょう」と、励ましなのか引導を渡しているのかわからない言葉しかくれませんでした。この症状は二四歳くらいまで続きました。

内田　この病気の話を聞いたときには、息を呑みました。かなりシリアスな病気です。本当につらかったと思います。今の三島くんからは想像もできませんが、この病気を通して、身体の痛み、病気を持っていることのつらさ、哀しさ、思い通りに身体をコントロールできないもどかしさを体感したことが、今の彼の仕事のルーツになっている。痛みを知っているということは、今の彼にとって財産になっていると思います。しかも彼の人生が本格的に破たんするのは、このあとなのです。

ホームレスに

三島　二四歳のとき、ホームレスになりました。

当時住んでいたアパートが近々取り壊されると聞き、だったら今のうちに逃げだそうと、夜逃げをしたのです。

そのアパートに入居してからずっと、僕は家賃というものを払っていなかった。お金がなかったのが一番の理由ですが、「こんな汚いアパートの家賃、払いたくない」「払わなくてもなんとかなる」と思っていたのですから、本当に社会通念の欠如というか、社会人として失格です。

僕が夜逃げをして間もなく、保証人になってくれた母の元に連絡がいき、たまっていた家賃をすべて肩代わりしてくれて、残っていた荷物の処分もしてくれたそうです。本当に、母には心配をかけました。

そのアパートを出た僕には、当然、家がありません。当時付き合っていた彼女（今の妻です）の部屋に転がり込むことも、できませんでした。彼女はお姉さんと同居していたのです。応援だけはするからと、ご飯を作って食べさせてくれたり、シャワーを浴びさせてもらったりはしましたが、泊まることは許してもらえませんでした。

仕方がないのでバイト先の従業員室に潜り込んで寝たり、それができないときは代々木公園のブルーシートにお世話になっていました。正真正銘のホームレスだったのです。

そんなタイミングで、事件が起こりました。

主演するはずの舞台から、逃げ出したのです。

俳優はしたくない、舞台は嫌いだと言い続けていたのに、事務所の社長命令で、舞台をやることになりました。演劇を志す人間にとっては憧れの戯曲『ゴドーを待ちながら』、ふたり芝居です。ふたりの男が路上で、ゴドーという男を待っている、その間のふたりのやりとりが延々続きます。三〇〇ページくらいある分厚い台本の半分以上、一六〇ページ分の台詞を一週間で覚えてこい、と言われました。

とりあえず、やるとなったら頑張ろうと思う人間なので、二四時間営業のフィットネスジムに入会し、バランスボールに乗りながら台本と向き合いました。どうせ家はないのだし、バランスボールの上にいれば眠らないですむからです。一週間、ほとんどど寝ずに、必死で台詞を入れようと頑張りました。でも、どうしても一〇〇ページくらいしか頭に入らない。

稽古の初日、稽古場に行き、全部は覚えきれなかったと謝ると、演出家から罵倒されました。

「全部覚えろと言ったのに、できないのか、それでも役者か？　クソ役者だな」と。

その瞬間、僕は泣き崩れて、這いつくばって号泣して、「ああ、もうダメだ」と思った。

ずっと眠らずにいたので、心も体も極限状況だったのでしょう。すべてを投げ出してしまいました。何も言わずに、その稽古場から逃げ出したんです。

自殺未遂

その日から僕は行方不明になりました。

当時付き合っていた彼女が必死で行方を捜してくれて、一週間後に見つけ出してくれたときには、ボロボロの状態でした。野宿していたので風呂にも入らず、ヒゲも伸び放題、肌はカサカサで、顔から粉を吹いていたそうです。

メンタルも壊れてしまい、うつ病を発症していました。急に逃げ出したので、いろんな人が僕を心配して電話を入れてくれ、着信記録の総数が一〇〇件以上溜まっているのに、それに反応できないんです。自分がひどい状況にある、ということを認めることができない。怖いとかヤバイとか、そんな感情も湧かない。廃人のような状態でした。

自殺未遂をしたのは、この頃のことです。何度か、ネクタイで自分の首を絞めてみたり、自分で自分の頭と顔を殴り続けたり。でも、いつも寸前に息を吹き返していた。意識が戻るたびに、ああ、自分はまだ生きたいんだ、と思い知らされました。まだ死ぬわけにいかない、という思いもありました。そして誰かに死ぬのを邪魔されている、誰かに生かされているのかもしれない、と思い当たりました。だったらなんとかして、生き抜かなければなりません。

とはいえ、そのときの僕には何もありません。八方塞がりです。

舞台から勝手に逃げ出したので、芸能事務所からはもちろん解雇されました。バイトも勝手に休んでしまったのでクビになり、家もない。二四歳から二五歳、二六歳までの約三年間、本格的にホームレス状態に突入します。マンガ喫茶に寝泊まりしたり、新たに見つけたバイト先に泊まり込んだり、夏になると代々木公園に段ボールと防水シートを持って住み込んだり。家なんかなくてもなんとかなる、ではなく、なんとかするしかなかったのです。生きるのに、必死でした。

とことん、身体を治す

内田　文字通り、最低の状況です。ここで三島くんはとことん、落ちるところまで、このとき落ちきったのでしょうね。もう芸能界には戻れない。仕事もない、お金もない。さて、ここからどうするか？　こういうときに、人間の真価がわかるのだと思います。

三島　どうしよう？　と思って、空を見上げました。今でもそのときの青い空を覚えています。どうしたらいいのか、本当にわからなくて、答えが欲しくて、僕は空に向かって聞いたんです、全力で、「俺は何をしたいんだ?」って。すると、「自分の身体をまず治したほうがいいよ」って言われたような気がした。これは冗談でも作り話でもなく、本当の話です。そして僕はその天の声に、従うことにしました。

でも、身体を治すには、お金がかかります。その時点で、そんなお金はありません。それまでにも、群発頭痛の痛みがひどいときには薬に頼っていましたが、この症状は薬に頼って治すのではなく、もっと根本的に身体を改善する必要があるのではないかと思っていました。だからといって、今さら医者を目指すのもリアリティがない。マッサージや整体で身体を整えることから始めるのはどうだろう？　客として通うのはお金がかかるから、そうだ、自分がそこで働いて、身体の仕組みから勉強してしまえばいいんだ！　直感で、一瞬のうちに、そう決めました。

その日のうちに求人情報誌で、仕事を探しました。マッサージ店の求人を見つけ、すぐその日に面接をしてもらい、次の日から働くことになりました。本当は住み込みで働きたかったのですが、男子寮はなかった。でも食事は付く。いいや、そこで働こう、と即決です。この話をしても、なかなか人に信じてもらえないのですが、でも、これが僕なんです。

何かするときの基準が、いかに楽しく生きられるか、なんです。自殺にも失敗した二四歳の自分が、なんとか楽しく生きるためには、まず身体を治す必要がある。群発頭痛がありましたし、それ以外の時期にも体調が悪いと感じることが多かった。働きながら技術を身につけて、知識も身につけて、楽しみながら自分自身を治してしまおうと決心しました。

内田 その日のうちに、というのが大事なポイントです。何かするべきだと思ったときに、すぐに行動に移せるかどうか。迷っていたって、結論は同じなんです。とにかく三島くんはその日のうちに仕事を決めた。そしてその先が面白いのですが、ホームレスのまま、彼は初志貫徹、自分の身体を治すことに集中したそうです。

三島 ホームレスでも整体院で働くことができたのは、以前の住所をそのまま使っていたからです。もちろんこれは社会的に反則ですが、僕の事情を正直に説明して、わかっていただきました。清潔であることには気を配っていましたし、見るからにホームレス、というわけではなかったので、理解してくださったのだと思います。当時の店長さんには、本当に感謝しています。

稼いだお金はすべて、身体の治療につぎ込みました。全部で四〇〇万〜五〇〇〇万円は投資したと思います。それだけのお金は稼いでいました。仕事さえあれば、勤め先に泊まり込むこともできるし、ホームレスでもなんとかなるんです。

マッサージ、気功、鍼、エステ、接骨院などなど、都内で評判の良いサロンには必ず足を運びました。昼間は自分で施術する側でしたし、身体に関する知識や技術をこの時期、どんどん吸収しました。

客として一回施術してもらうと、わかるんです。それが何のためのマッサージか、どうするために身体のどこをどう動かせば、どんな効果をうむのか。そして自分が受けた施術は、すぐに自分でトレースできる。自分でもそのへんは、天才じゃないかと思います（笑）。

ほとんどのマッサージが、高い金をとってこの程度か、という代物でした。痛いばかりで根本的には施術前とあとで何も変わらない、そんなサロンもたくさんありました。一時的に身体が軽くなったような気分になれても、翌日には元通り、というところばかりでした。

でも中には、これなら効きそうだ、と思えるものもあった。そんなふうに自分が受けた技術の中からカチッとハマったものを組み合わせて、いろいろなテクニックや知識を吸収しながら、自分だけのものを作り上げていきました。

実は僕、未だに筋肉や骨の名称はよくわかりません。もちろん必要最低限のことは知っていますが、単語だけ知っていても意味がないので、頭に詰め込もうとは思いません。それに、身体のトラブルは人それぞれなので、正解はひとつじゃない。こんな症状にはこれと、ノウハウで教えられるものじゃないんです。

僕は顧客の身体を見て、触ると、その原因はこれだと、直感でわかります。実際にそれをもとに治してきたので、間違ってはいないと思います。

僕自身の身体のトラブルは、三年も経つ頃には消えていました。自殺頭痛の原因は、僕自身の体感では、呼吸が浅いことと、圧倒的な歪み、そしてストレスにありました。僕はもともと、怖ろしいほど捻挫癖が強くて、足はぐちゃぐちゃの状態だったのです。それに、物心ついた頃からのO脚で、猫背で、顔もパンパンにむくんでいました。

大元の原因は足にあると確信し、自己流で毎日手当しました。自分の身体と相談しながら、いろいろなテクニックを試しました。これがいいのかもしれない、と感じたテクニックを続け、研究してさらに深めて行きました。そしてある日、気が付いたら、すべての不調がいつのまにか治っていたのです！
一生治らないと言われた群発頭痛もうつ状態も、いつの間にかすべて消えて、身も心も健康体になっていました。そうやって僕はホームレスをしながら、健康な身体と、自分の施術に対する自信を手に入れたのです。

内田 話にすると短いけれど、三島くんはこの段階で三年という時間を過ごしています。けっして短くはない時間です。自分の身体を治すという目的だけでなく、身体と向き合うことで、彼は自分の適性にあった仕事を見つけたんです。一度は何もかも失った三島くんが、とにかく身体を治すことに集中したのをきっかけに、ここから彼の大逆転が始まります。

むっちゃんから見た三島桂太

内田 この時期、三島くんの側にいたのが、現在彼の妻となっている〈むっちゃん〉こと、睦美さんです。その頃の彼をどう見ていたのか、睦美さんに聞いてみました。

三島睦美　三島はもともと、すごく子どもっぽい人なんです。出会った当初は、まるで善悪の判断が付かない子どもみたいなところがありました。

　たとえば社会的なルールにしても、「なんでそうしなきゃいけないの?」って、真顔で聞いてくる。「べつに俺ひとりが守らなくても、誰も困らないよ」って、平気な顔をしている。

　デートの途中で、「お金を下ろしてくる」というので、どの銀行かと思ったら、カードローンだったことがありました。手持ちのお金がなくなったら借りればいい、という観念で生活していたのでしょう。かなりの額の借金がたまっていました。

　家賃も払っていませんでした。ふたりで部屋にいると、大家さんがドンドンとドアを叩くので、じいっと静かにうずくまり、いないふりをして帰るのを待っていたこともあります。聞くと、もう一〇ヵ月以上家賃を払っていないとか。「だってこんな汚い部屋の家賃、払いたくないよ」と、平然としています。

　舞台を降りて俳優を辞め、行方不明になったときも、探し出すのは大変でした。

　でも不思議と、別れようとは思いませんでした。彼と出会ったのは私の運命、ミッ

俳優時代からの友人。2.5次元舞台の売れっ子俳優、柏木佑介氏（右）、北村 諒氏（左）。真ん中は妻の睦美

ションなのかな、と思ったのです。

何か問題があるとき、そこから逃げてしまったら、その問題は永遠に解決しませんよね。彼に問題があるのなら、その問題に私も一緒に立ち向かおうと決めました。私が彼と出会ったのには、きっと理由がある。彼の問題は、私の問題でもあるはずだ。それを解決するために、私は彼と出会ったのかもしれないと思いました。

彼の抱える問題点を見て見ぬふりをしたり、避けてはいけないんです。とことん向き合って、正面からぶつかって解決するしかない、と思いました。自分も彼も成長するためには、目を背けてはならないのだと。

とはいえ、それは大変なミッションでした。おざなりなつきあい方では、彼の問題は解決しません。世の中のルールひとつとっても、守ろうとしない彼に、守ってもらわなければなりません。「そういうことになっているから、そうすべきだ」というありきたりの説明では、絶対に納得しないのです。

どうして借金しないほうがいいのか、どうして家賃は払わないといけないのか。世の中の仕組みから説明しないと、納得してくれません。ふたりとも引かないタイプなので、大げんかはしょっちゅうでした。今ではそんなこと、しなくなりましたが、当時は大声で怒鳴られたり、大きな音をたてて威嚇されたこともあります。

愛情表現も不器用でした。とても優しいのですが、いつもどこか不安そうですし、不安定なのです。ときどき小さなプレゼントをしてくれるのですが、それに対して私の反応が彼の予想通りでないと、動揺します。彼の期待通りに私が喜ばないとたちまち不機嫌になり、ぶち切れるのです。

こんなに尽くしてやっているのに、とか、会いに来てやってるのに、という言い方もよくしていました。愛情を秤にかけて、優位に立とうとしているのがわかります。

大げんかの末、彼から別れを言い出して、二度ほど別れています。それでもやっぱり彼は戻ってきたし、私も彼のそばに踏みとどまることができた。それはきっと、私自身が彼にとって、最後の砦のような気がしていたからだと思います。

彼の生い立ちを聞くと、父親から強圧的に支配され、愛してくれる母親も、自分より兄を優先していた。それが彼にとっては悔しくて残念で、常に愛情を確認していないと不安だったのだと思います。実の母親が大好きなのに、お兄さんに取られたという複雑な思いがあり、素直に甘えられないのでしょう。

だから私はお母さんの代わりなのだ、と思いました。その場限りで付き合う女の子はたくさんいるかもしれないけれど、ここまで深く関われる相手は、そういません。だから私と別れて他の女性の元に走る彼を見るたびに、「私にしておいたほうがいいよ」と心の中でつぶやき、「そのうち戻ってくる」と確信していました。そして実際、彼は戻ってきたのです。

付き合い始めてからもう七年経っていました。そろそろ一緒に暮らそうという話になり、私の実家にふたりで報告に行くと、父はこう言いました。「睦美が選んだ人だから、どうこう言うつもりはない。でも、一緒に住むなら結婚を真剣に考えなさい」。

彼はホームレス、しかもバイト生活でしたが、結婚することにしました。
それが今から四年前のこと。そこでホームレスは卒業しましたし、バイト生活も卒業。整体サロンに社員として入社することができました。

内田 三島くんと知り合った最初の頃から、僕は睦美さんとも会っています。彼が今あるのは、睦美さんのあふれんばかりの愛情のおかげと言っていい。彼女が三島くんに与えた影響は、大きいと思います。

他人軸から自分軸へ

内田 ここからまた彼の人生は、大きく変わっていきます。

三島 結婚して、とりあえず仕事も安定したのですが、その頃の僕はハッピーではなかった。不幸でした。原因は僕自身です。僕はすべてを人のせいにして生きていた。何か起こるとそれは、世の中のせい、社会のせい、大人のせい、妻のせい。他人軸で生きていたので、何もかも気にいらない。そういう人間が何をやっても、うまくいくはずがないんです。

正直、二七歳までの僕は、相当頭が悪くて、本当にクズでした。妻にもたくさん、迷惑をかけていました。自分が嫌いで、こんなヤツがもうひとりいたら、絶対殺す、と思っていました。そんな僕自身の誤りに気付かせてくれた人、町田明生晴氏と二七歳のこのときに出会ったのです。

あるとき、勤め先の整体院の店長の友人が、従業員三〇人を集めて、研修会を開きました。今思うとそれは、前向きに生きるためのカウンセリングのようなものでした。

町田さんが言うのです。

「次のふたつのフレーズを口にしてみてください。〝楽々お金を儲けることができる〟と〝もっと簡単に幸せになることができる〟」

僕は「言えません、言いたくないです」と答えました。だって、お金は楽して儲けるものじゃない。幸せが簡単に手に入るわけがない。そう思い込んでいたからです。言えない、だけじゃない、言わせようとすることに怒りさえ感じました。

するとと町田さんは、僕に言いました。

町田明生晴氏とともに

「それを言えないということは、それができる状況になっても自分が受け入れられないということです。お金や幸福が目の前にあっても、そこから目を背けているのは君自身。自分から避けているだけで、難易度を上げているのはあなた自身です」と。

そう言われた瞬間に、雷がドーン、と落ちてきたような衝撃を受けました。その言葉が正しいということが、直感的に理解できたのです。

そうか。だったら、どうしたらいいんだろう?

教えてもらった方法は、こうです。

僕が言えなかったのは、そこにわだ

かまりがあったからです。言おうとしても言いたくない理由が、僕の中にあったからです。お金に対する恨みのようなもの、幸せというものへの妬みに近いものがありました。それを自分で認識して、自分の中にあるそのカタマリを具体的にイメージして、自分の手でつかんでポイッと捨てる、という作業をしました。

やってみたら、三分後には、さっきのフレーズをニコニコしながら口にしている自分がいたのです。

それに関して、僕は具体的な理論までは知りません。スピリチュアル、コーチングなどで〈ブロック外し〉と呼ばれている作業、成功や幸せを妨げている心理的要因を外すという行為と似ていますが、それとどう関係があるのかも知りません。ただ言えるのは、そのときの僕には必要なことだった、ということです。

そのとき、その研修会には三〇人ほどの人間がいたのですが、その方法を実践したのは僕だけだったようです。

それからの僕は、劇的に変わりました。生きるのがすごく楽になりました。次の日から、お金に対してイライラしない自分がいたのです。以前なら、レストランに入ってメニューを見ると、まず値段を見て、「高い、腹立つっ」と怒っていたけれど、それ以後は素直に「おいしそう！」と思ってニコニコしている。誰かが何かをしてくれたとき、以前なら内心、「ちっ、どうせするなら早くしろよ」くらいに思って、感謝のカケラもなかったのに、それ以後は心から「ありがとうございます」と言えるようになっていました。

世界は自分の中にある、ということに気付いたのです。それまで、不幸の原因はすべて自分の外にあると思っていたけれど、それらは全部、自分の中にあったのです。

これは、体験してみないとなかなか伝わらないことだと思います。でも、この変化はとても僕にとって大きな意味を持っていました。それまでの僕は、勝手な思い込みにとらわれて、自分の幸せに気が付かなかった。でもそれを外していけば、いくらでも自分の力で幸せになれる。いくらでも自分の可能性を伸ばせることに気が付きました。

僕自身、もともと持っているエネルギーがかなり強いので、何をするにも、何を思うにも、その結果は良くも悪くも大きくなってしまうのです。だからこそ、ホームレスにまで落ちてしまった。ふつうなら、そこまでいかずにブレーキがききそうなものですよね。でも僕には、そういう抑制ができなかった。逆にエネルギーが良い方向に

妻の睦美とともにハネムーンでハワイに

行くと、あっという間に変わる。振り幅が大きいのです。

なんとなく生きていた、それまでの自分は捨てました。このときから僕は、自分のすることすべてを、何のためにするのか、考えるようになった。自分は何のために、どういう考えで、どんな覚悟で何をするのか、すべてを書き出すようにしました。

以来、〝なんとなく〟が大嫌いです。なんとなく就活、なんとなく受験、なんとなく結婚、すべての〝なんとなく〟は絶対に人間を幸せにはしてくれません。何のために就職するのか、なんのために起業するのか、なんのため、ということを真剣に考えれば、次にするべきこと、何をするべきかは明確になるのです。物事を表面的に眺めてわかった気になるのではなく、本質を見極めようという姿勢が、この時期生まれました。

こうした変化が、僕の人生をプラスの方向に導いてくれたのだと思います。三ヵ月後には借金をすべて完済。さらに三ヵ月後、妻とハワイに、ハネムーンに出かけることができました。

この時期、僕は今までのマイナス要素を、そのままプラスに転化したのだと思います。

内田　三島くんが何をここで学んだのか、心の問題解決の類のもの故、僕にはなんとなくしかわかりませんが、人生を肯定的に見る姿勢を獲得したのでしょう。簡単にいうと、ここでようやく、彼は自分自身を引き受けたのかもしれない。自分が何者なのか、本当は何をしたいのか、何を求めているのか、ようやくはっきりと見えてきたのだと思います。

最後にもうひと波乱あってから、さらに、彼の人生は大きく変わっていきます。

勤務先の倒産、そして独立へ

三島　ハワイから戻り、さあこれからバリバリ働こうと思ったその翌月、勤めていた整体サロンが倒産しました。営業実績は良かったし、サロン自体には何も問題はなかったのですが、極めて下世話な原因です。

ある日突然、オーナーと院長が四〇〇〇万円ずつ横領し、失踪してしまったのです。しかもその引き金となったのは、僕の同僚の二四歳の女の子を取り合った挙げ句のこと。オーナーも院長も妻帯者だというのに、その女性を巡ってトラブルになり、各々が金を取って消えてしまったのでした。三〇人の従業員は給料二ヵ月分を未払いのまま、放り出されてしまいました。

その日、家に戻って妻に報告すると、彼女はこう言いました。

「おめでとう、これはあなたが次のステップに進むための、プレゼントをもらったんだね」

なるほど。僕はそう思って納得しました。自分の妻ながら、こういうタイミングでこういう言葉をさらっと口にできる彼女は、すごい。

他の従業員はみんな、オーナーと院長を訴えると息巻いていましたが、僕はその仲間に入らなかった。時間と手間をかけて訴訟に持ち込んでも、たとえ勝てたとしても、雀の涙ほどのお金しか、多分もらえない。それだけの価値があることとは思えなかったからです。

そこからは、自分の人生を作ることだけ考え始めました。妻のおかげで僕はまったく落ち込まずに、人生の次の段階へと進むことができたんです。

失業保険をもらいながら、自分のサロンを作る準備を始めました。そうは言っても、具体的に何をすればいいのか、さっぱりわかりません。まずはブックオフに行き、会社を作るノウハウ本、起業理念の本、税金やお金関連の本を買い込みました。そして翌日から二四時間営業のバーミヤンに行き、ドリンクバーの飲み物を飲みながら、毎日毎日それらの本を読破していったのです。

読んだ中で、ピンときたフレーズをノートに書き写していきました。失業保険が切れる三ヵ月後には、僕の中で、会社を起業する態勢が整っていました。

そのタイミングで、味方になってくれた人もいます。整体サロン時代にお世話にな

大切なフレーズを書き写した当時のノートの数々

った方は、僕が自立するために一〇〇万円をぽーんと出してくれました。その人の勧めで、株式会社を作ることもできました。株式会社経営という肩書をそこで手に入れることができたのは、大きなメリットでした。

間もなく、恵比寿のマンションの一室に、僕はサロンを開きました。

●

僕の肩書きは現在、株式会社HPP（ヒューマン　パーフェクト　ポジション）の代表取締役社長、根本改善美容家です。おかげさまで素晴らしい顧客に恵まれ、毎日ワクワク

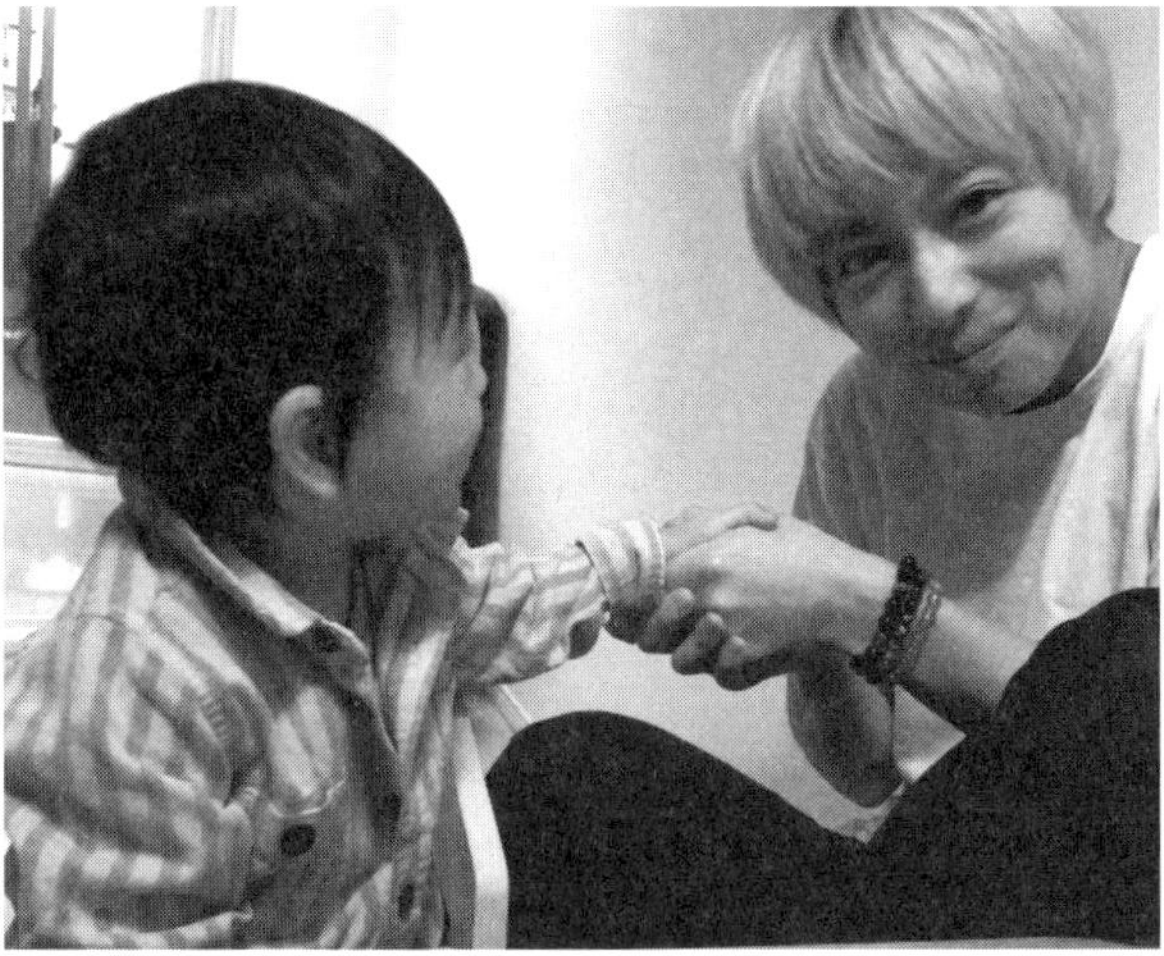

子どもとのホッとするひととき

しながら働くことができています。
今年、会社は四年目を迎えました。

三島桂太のビジネス・ポリシー

2

内田　三島桂太くんが恵比寿に自分のサロンを開いてから、丸三年。独立直後から経営は順調だといいます。

三島くんはどのような理念のもとにサロンを立ちあげ、経営を軌道に乗せてきたのか？

資金は一〇〇万、恵比寿に開業

内田　サロンを開いた場所が恵比寿、という三島くんのセンスに、まず僕は惹かれました。若者の街であり、ビジネスの要所でもあり、人が集まるエリアでもある。

ＪR恵比寿駅を降りてみればわかるのですが、あのあたりはマッサージ店、整体サロンの激戦区。駅前には格安でサービスする店が乱立しています。一方三島くんの店は、駅から歩いて四分。いくぶん静かになった街中のマンションにあります。この選択がどこから来ているのか、果たして勝ち目はあるのか。そこから聞いてみます。

三島　サロンを開くなら恵比寿がいいと、最初から決めていました。戦略的な理由はありません。直感です。

たいていの人は銀座がいい、渋谷のほうが人が集まるなどなど、いろいろと勧めてくださいましたが、僕は最初から恵比寿駅周辺で探しました。恵比寿は僕にとって、運気がいい場所だからです。

恵比寿は、僕と妻がいつもデートしていた場所でした。妻とは二〇歳のときに知り合ったのですが、当時彼女が働いていたのが恵比寿のガーデンプレイスで、僕のバイト先も恵比寿にありました。彼女の仕事が終わるのを待って、一緒に歩いて、というのを毎日繰り返していた街です。だんだん人生が上向いてきたときに、ほとんどの時間を過ごした場所なので、僕にとって運気の良い場所、という気がしたのです。

もちろん恵比寿にこだわったのは、それだけの理由ではありません。

僕がこれから出会いたい人、サロンに来て欲しい人たちが、喜んでくれる街だ、と直感したからです。

たとえば内田さんに、「僕のサロンは恵比寿にあります」と言ったときに、「いいね、良い場所だね」と笑顔で言ってくれるイメージがぱっと浮かぶんです。

サロンが入っているマンションは、駅から徒歩四分のところにあります。電車通勤の人でも来やすいし、車で来る人にも便利なエリアです。駅前の雑踏からは多少離れているので、ここにサロンがあることを知っている人しか来ない。絶妙なロケーションです。

内田　サロン自体も、ごくふつうの作りです。小さな表札があるだけで、看板などは一切出していません。ドアを開けて入ると一室だけの、小さなサロンです。

三島　四坪だけのワンルームです。マンツーマンで施術するには、このスペースがちょうどいいと思っています。お入りいただくと、部屋の真ん中にベッドがあって、大きな鏡があって、椅子がおいてある。それだけです。着替えはバスルームでお願いしています。インテリアは白がベースで、なるべくシンプルにまとめました。

考えたのは、この空間に入ったときに、お客さまの視点がどこにフォーカスするか、という点です。だから僕だけ、青い術着を着てお迎えします。

日本の国旗の日の丸は、白地に赤ですけど、みんな、白い部分は見ないで赤い部分を見ますよね。それと同じ理屈で、白い部屋の中で青い僕だけ見ていただけるのではないか、と。青は静寂の色ですし、気持ちを穏やかに落ち着かせてくれる効果もある。それに、僕の一番好きな色なんです。

内田　それまで整体サロンの従業員に過ぎなかった三島くんが、いきなりサロンを開業した。その資金調達は、どうしたのだろう？

三島　実はその時点で、自分の貯金は一円もありませんでした。

僕が整体師として働いていた当時のお客さまで、僕を可愛がってくださっていた方がいたのです。僕が開業したい、という話をしたら、面白そうだ、と、ぽんと一〇〇万円、出してくださいました。資金はその一〇〇万円です。その借金はその後間もなく完済しています。

一般的に、独立して起業しようとすると、みなさんすごい額のお金がかかると思われますよね？　でも整体サロンを立ちあげるだけなら、実はそれほどの費用はかからないのです。僕の場合は部屋を借りて、あとはベッドと着替えとタオルを揃えただけ。それだけです。

ただ、きちんと法人として登記できるかどうかは、気を付けました。今、個人の住居用マンションを借りて、そこで営業しているケースも多いようですが、僕は、それはしたくなかった。法人契約ができる場所を選んで、公明正大にきちんと登記契約をして開業しようと思いました。たまたま見つけた、今のこのマンションが、僕の条件にピタリ、あっていたのです。

顧客と対等な関係に

内田　起業するときに、大事なのは理念です。お客さまを集める、儲けることも大切ですが、その仕事にどのような意義を見出し、どんな理想に向かって働くのか。

三島くんの場合は……。

三島　起業を志したとき、整体ビジネスのノウハウについて、僕は一切何も知りませんでした。ただ従業員としてさまざまな店舗、サロンで働いてきた経験があります。どの店にも独特のシステムがあり、ルールがありましたが、働きながら疑問を感じる点はたくさんありました。

一番納得がいかなかったのは、整体ビジネスにおいて顧客と施術者が対等ではない、という点です。

客に「三〇分クイックで」とオーダーされたら、担当する施術者はそれに従わなければならない。六〇分施術することでかなり改善できる症状であっても、それができないもどかしさがありました。

利用するお客さまの中には、三〇分だけ息抜きできればいい、リフレッシュするだけでいい、完全に治そうとは思っていない人もいるでしょう。そういう方たちにとっては、手軽な値段で最低限の効果を得られる現行のサービスこそ、ベストなのかもしれません。でも中には、もっと払ってもいいからできれば根治したい、良い方向に向かいたいと思うお客さまもいるはずです。

こちらは知識や技術を持っているし、必要な施術をしたいという気持ちもある。でも利用者主導のシステムでは、効果的な施術が難しいのです。これでは本当の意味でサービスとは言えないのではないかと、僕は思っていました。

ですから僕は、自分のサロンはお客さまの問題を根本から改善するサロンにしよう、そうあるべきだと考えました。
そのベースになるものとして考えたのが、『根本改善美容』です。

『根本改善美容』

『根本改善美容』というのは、健康に必要な六つの要素（筋肉・リンパ・骨・気・内臓・経絡）に対して必要な施術を行い、それらが本来あるべき姿に戻して、完全な健康体を目指そうとするものです。

①筋肉：筋肉にはマッサージで対応します。
②リンパ：リンパの流れを改善するために、エステやオイルマッサージを行います。
③骨：骨格の改善には、接骨、カイロプラクティックの理論を応用します。
④気：体調が悪いときには気、マインドの部分も低下してしまいます。それにはヒーリング、スピリチュアルなアドバイス、対応を行います。
⑤内臓：内臓の機能低下には、サプリメント、腸もみなどで対応します。
⑥経絡：ツボ、鍼灸の概念で対応します。

スカイマーク機長で和のご縁を繋ぐ山分和也氏（左）。体質改善アドバイザー兼社会起業家の川上千晴氏（左から2番目）。師匠の一人、世界的瞑想家でバリで一緒に修行したAKI氏（真ん中）。国際的オペラ歌手の竹林加寿子氏（右）

一般のサロンでは、ひとつの分野からしか施術を行いませんが、僕のサロンではこれら六つの分野から、トータルな視点で施術します。

これは、僕のそれまでの経験から考え出したものです。

たとえば、マッサージの技術が素晴らしいサロンは、世の中にたくさんあるでしょう。しかしマッサージで筋肉の問題を解決したとしても、骨格が歪んでいたり、本来あるべき形から逸脱していたら、症状は緩和されません。骨格と筋肉、両方の問題を解決しなければ、根本的な治療とは呼べないのです。

同様に、そのお客さまが抱えている症状を見極め、それに応じて、必要な施術を組み合わせて対応していくことが、必要になります。

身体を本当に治したいと思うなら、ひとつの方法だけでは解決しない。それは僕の経験からわかっていたことでした。

そこで僕は三年間かけて、あらゆる整骨院、サロン、マッサージ店などで働き、またいろいろな講習会にも足を運んで、美容技術を身につけました。

整体、リフレクソロジー、ストレッチ、アーユルヴェーダ、五行説、オイルマッサージ、骨気（コルギ）、骨盤矯正などなど。それらすべてが、『根本改善美容』に集約されているのです。

施術の流れ

●まずは、いらっしゃいませ

初めにお名前や住所など記入していただくのですが、その時点から、いえ、入り口から入ってくるその歩き方、文字の書き方、カウンセリング中の話し方、間の置き方、セルフワードの選び方などで、その方が抱えている身体の不調とその原因は、概ねわかります。過去にどんなスポーツをしていたか、足にトラブルを抱えたことはないかも、大きなヒントになります。

次に施術服に着替えていただき、鏡の前に立っていただく。身体の状態は一目瞭然です。まっすぐに立っているはずなのに、身体はどちらかに傾き、ねじれ、歪んでいます。それがどうしてなのか、どこに原因があるのか、どういう施術で直していくのか。それを先にお話しした上で、施術に入ります。

そうそう、施術に入る前に、必ず全身の写真を撮らせていただいています。

●足から治す全身の骨組み

僕が一番大事だと思っているのは、人間の身体の骨組みです。骨の位置が整っていないと、どんなに筋肉を鍛えても、ストレッチしても、身体をうまく使えないのです。

原因は、足にあります。

足の骨は二〇六個あり、細かい骨が組み合わさっています。捻挫を繰り返したり、骨折したり、ケガをすると、そのたくさんの骨の一部がズレてしまいます。

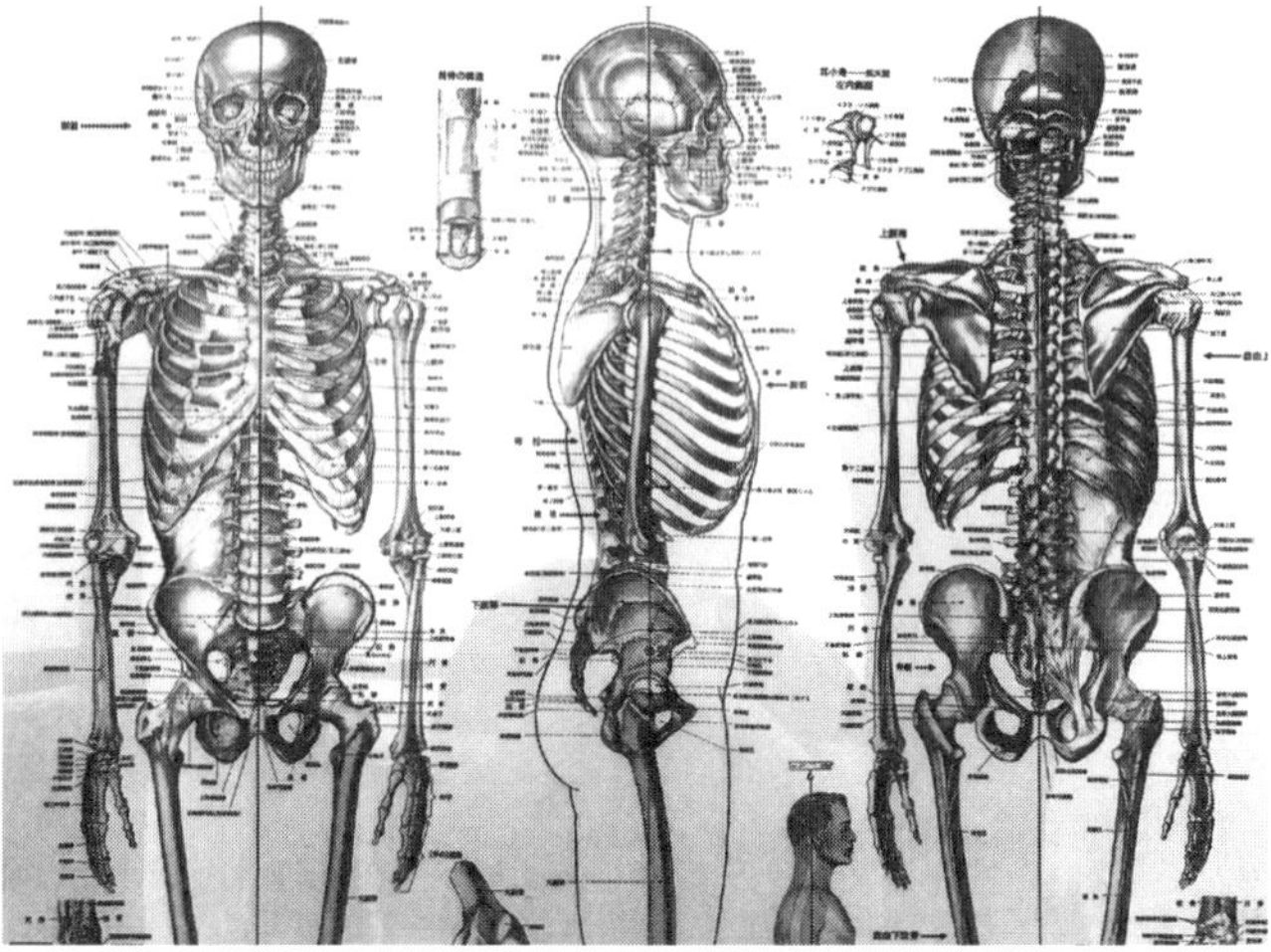

施術室にある骨格図。施術前に、これを使って説明

積み木をしているとき、土台の部分が崩れてしまうと、上に積んだピースも順番に影響を受けますよね？　それと同じことが、人間の身体にも起こります。膝、腰、背中、肩、頭にまで、足のズレをかばうために、影響が出てしまうのです。

本来、両足の内側の筋肉で身体を支えるはずなのに、外側の筋肉で支えるようになったり。外反母趾や足の指が寝てしまっていたり。背骨がS字の急カーブになってしまったり。肋骨の位置がずれて、肺を圧迫して、呼吸が浅くなったり。それが高血圧を引き起こしたり、身体の不調を引き起こしたり。リンパの流れを詰まらせたり。足が原因となっている身体の不調は、驚くほど多いのです。諸悪の根源は、足にあります。

若いうちは、骨の歪み、筋肉の炎症などがあっても、さほど気になりません。多少の痛みやコリがあっても、筋力や体力があるので、少し休めば治ったと思ってしまうのです。でも根本的に治っているわけではありません。そしてそのダメージは、年齢を重ねて筋力が落ちたり、体力が低下したりすると、一気に噴出します。だるさ、むくみ、肩こり、頭痛など、一般的な不調はほとんどが、足のトラブルから来ていると僕は思っています。

●三島流の施術

ですから僕の施術は、ほとんどの場合、足から始まります。まずはうつ伏せになっていただき、足先をもみほぐしてから膝、腿、腰、腕、肩、首、そして頭まで。今度は仰向けになっていただき、再び足先から腰、そして上半身、顔と、全身の骨組みを整えます。

途中、効果をわかっていただくために、こんなお願いをすることがあります。

「右足だけ先にやったので、ちょっと見ていただけますか？」

起き上がってご自分の足を見ていただくと、たいていの方は驚きます。一目瞭然、右足のほうがまっすぐになり、長くなっているからです。人によりますが、左右で足の長さは三～五センチは違います。そこで、

「右足を上げてください」

とお願いすると、すっと上がる。そこで、

「今度は左足を上げてください」

とお願いすると、今度は上がりません。

「なんで？」

と、たいていはびっくりされます。

右足は、正しい骨組みの位置に治したので、上げようとすれば簡単に上がります。ところが左足は施術前の状態なので、右足と同じ感覚で上げようとしても、上がらないのです。

施術前は、身体が歪んだ状態に慣れているので、不要な力を駆使して、無理して上げていたのだと思います。ですから施術前の感覚を思い出せば左の足も上げられるの

ですが、右足とのあまりの違いに、身体がついていかないのです。

もちろん、左足もきちんと施術しますので、両足ちゃんと、軽やかに持ち上げられるようになります。


施術中、痛みはありません。痛くする必要がないからです。

施術を受けた方たちの感想は千差万別で、「今まで体験したことのない整体」とか「かつて触ったことのないところを触られた感じ」「全身の骨をはめ直した感じ」とおっしゃる方もいます。

みなさん共通しておっしゃるのは、「身体が軽くなった」「歩くときに、すいすい足がでるようになった」ということ。それまで歪んだ身体を無理して動かしていたものが、意識しなくても軽やかに動けるようになるのです。

●施術後のお客さま

施術後、もう一度鏡の前に立っていただくと、たいていの方がすっきりした顔で、まっすぐに立つことができます。

そして施術が終わったあとにも、写真を一枚。施術前と比べると、その差は歴然としています。分散していた重心が背骨を中心に一本にまとまり、背筋がのび、意識しなくても美しい姿勢が取れるようになります。ビフォー&アフターの写真の違いが、僕の施術の効果をはっきりと見せてくれるのです。

こうして整えた正しい骨格は、そのまま維持され、悪い状態には戻りません。歪みの原因まで取ってしまうからです。施術のあと、希望する方には軽いケアの仕方、靴の選び方、靴紐の結び方など、基本的なお話をしますので、足が悪い状態に戻るはずがないのです。

ですから、身体の状態は、施術したその日が一番快調、というわけではありません。翌日から、どんどん良くなっていきます。歪みが取れて正しい歩行ができるようになれば、その日以降、ウォーキングやランニングを重ねることでもっと元気で健康になります。

ここでひとつ、言っておきたいことがあります。正しい歩行ができる人以外は、いくら歩いても、どんなに運動しても、本当の意味で健康にはならないのです。歪みのない状態で正常歩行ができる人は、ウォーキング、ランニングをすればするほど健康になりますが、足が歪んだまま、正常歩行ができないのにがむしゃらにウォーキング、ランニングを重ねても、健康になるとは限らないのです。

●治すのは、お客さま自身

先ほど僕は、歩く姿を見ただけで、その人の身体のトラブルがわかる、と言いました。ではなぜ、三〇分もカウンセリングが必要なのでしょうか？　それは、直すのは僕ではなく、お客さま自身だから、です。それをわかっていただくために、三〇分のカウンセリングが必要なのです。

肩こりやだるさ、むくみなどの症状を軽減するだけなら、五分でできます。でもその状態は、すぐにまた戻ってしまう。そうならないために、僕は根本的な理論のもと、全身の骨組みを整えます。疲れやだるさ、腰の痛みなどが二度と出ないように、全身の骨組みを整え、歪みの原因を取り除くためです。

でもそれは、あくまでも治療できる身体に持って行くための、お手伝いをしているだけ。僕はお客さまの身体を、本来あるべき形に戻しているだけなのです。

そこから先、自然治癒能力を使って自分をもっと健康にするのは、あくまでお客さま本人です。それをお伝えし、そのサポートをするために、カウンセリングの三〇分はどうしても必要なのです。

内田　僕自身も三島くんの施術を何度か受けていますが、確かに、一般的なマッサージとはまったく異なるものだと思います。コリをほぐすとか、張りを取る、というものではなく、全身をリセットしてもらっているような感覚、と言えばいいのかな。そして施術後は、コリも張りも消えているし、身体全体が軽くなった実感がある。そして彼が言うように、その効果が続いているのがわかります。彼の理論にもあるように、根本から改善されているのでしょう。

さらに、三島くんがたった三年で年収一八〇〇万円を超える成功を収めた理由は、恵比寿という地の利、素晴らしい技術だけではありません。ビジネスに向かい合う彼のマインドの中に、その秘密が隠されているようです。

施術する僕自身がハッピーであること

三島　従来の整体サロンには、他にもさまざまな問題点がありました。

僕が一従業員として痛感していたのは、仕事に達成感を得られないことでした。一般的なサロンでは、施術者がどんなに頑張っても、やり甲斐が感じられないのです。しかも報酬がきわめて安い。僕が経験した範囲では、整体師の平均的な月収は、一五～二四万円程度だと思います。

マッサージサロンが乱立したせいで、過当競争も起こっています。客が来ないときは街中でチラシを配るのも、仕事のうちです。駅前で一〇時間近くビラを配り続け、それでも客が来ない日もあります。足が棒のようになって、「僕はなんでこんなことをしているんだろう?」と、ウンザリしたこともあります。

でも、本当は、整体師というのは素晴らしい仕事のはずなんです。マッサージで客の身体をほぐし、リラックスしていただき、感謝してもらえる、とても良い仕事だと思います。でも現実には、この仕事をしていても納得できない、満足できない。幸福じゃない人がいっぱいいる。僕自身もそうでした。

自分でサロンを開くとしたら、この矛盾を解決した形で営業しようと思っていました。

無料からのスタート

内田　自分の店を持ったら、たいていはまず〝頑張って働いて、少しでも多く収益をあげよう〟と思いますよね。ところが三島くんはサロンを開いた当初、採算度外視の営業を始めます。無料で施術したというのです。

　彼のサロンは以前からの顧客への〝償い〟から始まりました。まさにマイナスからの出発です。

三島　僕が独立したきっかけは、前に勤めていたサロンがある日突然クローズしたことです。従業員は全員、給料二ヵ月分が未払いのまま放り出されました。そしてお店に通ってくださっていた常連のクライアントもまた、前払いしていた分を踏み倒されました。あらかじめ多額の施術料金をいただいていたのに、そのお金は消えてしまったも同然です。顧客の中には親しくしていただいていた方もいたので、僕はとても心苦しく思っていました。

そこでサロン設立を機に、こちらから連絡を取りました。

「残念ながら僕にそのお金を返済する力はありませんが、契約していただいていた分は、僕が無料で施術させていただきます。僕の作ったお店に来ていただけませんか？」と。

二〇人から三〇人ほどのお客さまに、無料で施術することにしたのです。

それは、誰かに要求されたことではありません。新手の宣伝でもありません。

根っこのところに〈哀しみ〉があったのだと思います。

実は、整体とかマッサージとかエステサロンでは、こうした形の営業停止は、少なくないのです。先に入会金やコース料金をいただいておきながら、ある日突然閉店してしまう。詐欺同然ですよね。顧客にとっては大きな迷惑です。

そういう不法な行為によってこれらの業界が、いい加減なものだと認定されてしまうのが、僕は本当に悔しい。お客さまに喜んでいただくのがこの仕事の醍醐味なのに、逆に信用できないいい加減なものとして嫌われてしまうのが、心の底から残念なのです。僕はこの業界に関わっている以上、なんらかの形で貢献したい。だとしたら、自分ができる誠意を全部見せるしかない。それしかできないと思ったのです。

幸い、僕のお客さまたちは僕の申し出を快く受け入れてくださいました。一回ご来店いただき、無料で施術を受けた上で、「これからはちゃんと料金を払います。あなたが好きだから」と言ってくださる方がとても多くいらっしゃいました。その上さらに、ほとんどの方が、口コミでお知り合いを、新しい顧客として紹介してくださったのです。

内田　三島くんにとって起業する、会社を作るということは、単に金を儲けるための手段ではなかったようです。

無料で施術する、そう言われて足を運んでくださるお客さまたちに、彼の姿はどう映ったのか。それが最高のプレゼンテーションになり、新たな顧客をしっかりと繋ぎ止めたのです。

一日五人の「はじめまして」

内田　さらに彼は、ひとりひとりの顧客と向き合うだけでなく、広くさまざまな人と触れあうことで、世界を広げていきます。

三島　以前からのお客さまの中には、連絡先が不明で繋がることのできない方もいました。そこでフェイスブックで検索したところ、偶然共通の知り合いを発見。その人に事情を説明し、目的の方と繋いでいただきました。

お目にかかってサロン倒産の件を説明し、僕のサロンにお誘いしたところ、軽くパンチされただけで（笑）、お許しをいただきました。以来、僕のお客さまとして今も交流があります。その人が、スーパー営業マンとして有名な姉崎文彦さんです。

姉崎さんには、このタイミングで、素敵なアドバイスをいただきました。

起業したのはいいけれど、僕には人脈がありませんでした。もっともっと自分が成長し、発展していくためには、成功している方、魅力的な方、スゴイ人たちと交流する必要があるのに、僕にはその手だてがなかった。それを相談すると、なるべくたくさんの、初対面の人と会う、という課題をくださったのです。

姉崎さんは毎日、仕事やプライベートを充実したものにするため、一日に五〇人の人と会っているというのです。僕もそれを真似ることにしました。といっても、僕は

狂言のワークショップ@玉ひで『延年の会』に初めて参加。受け継がれる伝統芸能、そして引き継がれる伝統の味、歴史の奥深さに触れた楽しい一時。和泉流狂言方小笠原匡氏（左から2番目）。小島亜紀子氏（Mrs. International 世界大会出場）。藤原邦一氏（藤原プロデュース代表）と

営業職ではないので、一日五人の方とお目にかかることにしたのです。

何か目標があるとき、それをクリアするためのルールを設定して、それを実行する。それが僕のやり方です。

人と会うのは、エネルギーの源になりました。知らない人と向かい合うことで、相手の何かが僕の中に流れ込んできます。僕を知ってもらうことで、僕自身が気づけなかった自分の長所や短所を教えてもらったりもします。毎日、サロンでたったひとり働く僕にとって、一日五人と会うという決め事は、とても力になり

ました。世界も広がりました。

顧客を増やすため、営業のために一日五人と会っていたわけではありません。僕は〈営業しないことが営業〉だと思っています。会う人ごとにお店にお誘いしても、それではただの宣伝です。チラシを配るのとほぼ同じことでしょう。それよりも、いろいろな人と会い、話し、揉まれることによって僕という人間が成長し、魅力的になること。それが何よりも大きな目的です。

僕を知った上で興味を持ってくれる方は、自分からお店に足を運んでくれます。ワクワクしながら足を運んでくださるお客さまは、施術にも前向きです。治りも早いです。営業しないことが営業というのは、そういうことです。

内田　〈営業しないことが営業〉というのは、至言だと思います。三島桂太という人間そのものに興味を持ってもらい、魅力を感じてもらえれば、それで十分。こちらから働きかけることをしなくても、向こうから予約を取り、施術を受けてくれる。その結果、彼のサロンは三ヵ月先まで予約の取れない、超人気サロンになっていったのです。

この若さで、何の経験もなくこれを実現してしまったというのは、世の中すべての整体師から見たら、憧れではないでしょうか。

三万五〇〇〇円は高くない

内田 〈営業しないことが営業〉の延長線上に、彼の強気な価格設定があります。他のサロンがダンピング合戦で苦戦を強いられる中、彼のサロンは現在、一回九〇分三万五〇〇〇円。誰もが気軽に支払うことのできる値段ではありません。

でもだからこそ、彼のサロンは人気店になったのです。

三島 僕は、楽しく仕事がしたい。働くときに、自分自身がワクワクする金額はどれくらいだろうと考えて、その額が三万五〇〇〇円でした。サロンを開いてから最近までは三万円という設定でしたが、僕自身、自分の成長を実感したので、このタイミングで三万五〇〇〇円にさせていただいたのです。

その設定には、理由があります。あるとき、知人のクリエイターが、とても素敵な感性を持って良い仕事をしているのに、徐々に苦しくなってきたというんです。人の役に立つこと、楽しいこと、ワクワクすることをやっているにも関わらず、自分の中にぽっかり穴が空いているみたいだ、と。それは結局、自分がワクワクできない金額で仕事をしていたからでした。

いくら楽しく仕事をしていても、その報酬が微々たるものだとしたら、幸せになれませんよね。自分が幸せじゃないのに、人を幸せにすることなんて、できないと思うんです。

僕は別に、お金を稼ぎたいわけではありません。お客さまも僕自身も、双方がハッピーでありたいんです。

僕は誠心誠意、一二〇パーセントの施術をします。お客さまには、そのサービスの価値を認めていただき、それにふさわしい値段を払っていただく。つまり、その三万五〇〇〇円という値段をサービスの対価として無理なく支払える方たちを対象にすればいいのです。

料金というのは、お客さまが認めてくださる数字だと思うのです。一〇〇〇円という価格設定で来てくれる人と、三万円という価格で来てくださる方とでは、覚悟が違

共感覚の持ち主でクリスタルボウル演奏者の和泉貴子氏（左）。右脳開発、全脳開発プロデューサーの山岡尚樹氏（真ん中）

います。そして施術を受け、三万五〇〇〇円という料金を当然のことと評価してくださる方だけが、僕の顧客になってくれるのです。

　結果、僕のサロンに来てくださるお客さまたちは、とても魅力的な方たちばかりになりました。お金持ちばかり、という意味ではありません。身体のケアに対して、三万五〇〇〇円という金額を支払うことに躊躇のない人たちであり、僕の施術にそれだけの価値を見出してくださる方たちです。その方たちには不思議に共通点があって、みなさん好奇心旺盛で、人生に前向きで、自分自身を肯定的に捉えている。そして情報に敏感で、興味を持つ未知のものに貪欲に向かい合い、根本的に楽観主義者が多い。

そういう方たちと施術をしながらお話ししていると、僕のほうもパワーをいただきます。今まで気付かなかった知恵や勇気、貴重な言葉をいただけることもしばしばです。みなさん全力で生き、熱い使命をうちに秘めて、本気で一生を生き抜こうとしています。僕は施術をしながら、同時にさまざまな人生の先輩たちの講義を聴いているようなものです。

結局、価格設定というのは、こちらがどんな顧客を必要としているかをあきらかにする、そのためのものだとわかりました。僕は面白い人、魅力的な人、カッコイイ人たちのサポートをしたい。できることなら、ちょっとぶっ飛んでいる人にも会いたい。僕を面白がってくれる人に会うためなら海外でもどこでも行って、いろんな言葉で「ありがとう」を聞きたい。それを考えると、三万五〇〇〇円は妥当な料金なのです。

それに三万五〇〇〇円は、そんなに高い料金ではありません。だって僕のお店は、卒業できるサロンなんですから。

卒業できるサロン

内田　三島くんの言う〈卒業できるサロン〉という概念は、整体サロンの革命かもしれません。だってそうでしょう。世の中の整体サロンはどこにいっても、終わりのない施術に明け暮れている。肩が軽くなっても、腰の痛みが引いても、せいぜい二日か三日しかその効果は続かない。最初は安いな、と思える低価格でも、積もり積もれば大金になります。それでいて、治らない。本当に苦しんでいる人は、この痛みが永遠に治ってくれるのなら、どんなに高くてもそこに行きます。そして、卒業したあとでも、行きたくなるのかもしれないね。

三島　僕自身、自分の痛みを取るために、都内の有名サロンにあちこち行きましたから、わかるんです。どこにいっても、症状が完治することはほとんどない。何度も何度も通って、その場では身体が軽くなったような気はするけれど、翌日には元の状態に戻っている。高いお金を払って、時間を費やしても、結局は治らない。僕はそれが一番腹立たしかった。

僕のサロンは、卒業できるサロンです。たいていの方が、最初に来た段階で自分の身体が大幅に改善されたことを実感します。さらに二度から三度の施術で、悩んでいた症状がほぼなくなります。この段階で、卒業。もう、来る必要がなくなるのです。

実際に、杖をついてきたご高齢のお客さまが、施術が終わるとスタスタと歩いて帰られることはしょっちゅうです。猫背を治したいと来られた七〇代の女性は、姿勢が良くなると同時に血圧が下がり、他の検査数値もことごとく改善されて、お医者様がびっくりなさったとか。

イメージとしては、歯医者さんのような形が理想ですね。虫歯の治療は終わっているけど、新たに虫歯を作らないように、三～四ヵ月に一度はメンテナンスをする。必要なら、ホワイティングのような美容的な提供もできる、というような。

美容的見地から言うと、全身の骨があるべき位置に戻るので、ヒップが小さくなった、足がまっすぐキレイになったという女性も多いです。パリコレにも出ているモデルのお客さまは、足の膝下が二センチほど伸びたと、喜んでくださいました。全身の血行が良くなり、むくみが取れるので〝足しか触っていないのにすっきり小顔になる〟

という評判も、いただいています。

いずれにしても、お客さまにちゃんとゴールを提供できて、その後のケアはお客さまが御自身で選べるという形を取っています。もっと痩せたいとか、もっとキレイになりたいという要望のある方には、僕の知り合いの美容専門の人間を紹介することもあります。

自分だけで対応して、低いクオリティのサービスを提供するのは、失礼だと思っていますから。全部自分で抱えてやろうとする人ほど、失敗していると思うのです。お客さまが問題を解決することを、何より優先します。

ちなみに、僕とのトークを楽しんでくださるお客さまも多く、そのために定期的にお越しくださる顧客もたくさんいます。卒業できるサロンなのですが、卒業を延期してくださるお客さまもまた、多いのです。

ものを売る？

内田　整体サロンでは、整体の技術だけでなく、健康に関する食品やグッズを販売して利益を上げているところも多いようです。三島くんのサロンにもそれらしきものを見かけたことがあります。一八〇〇万円の利益の中で、物販の比重はどれほどのものなのでしょう。

三島　現在僕のサロンでは、マヌカハニーや塩などを欲しいという方にお分けしています。アンテナを張っていると、身体にいい、健康にいい、というもの、僕自身が納得できるものが、勝手に集まってくるので、それに興味を持つお客さまに提供しているのです。

でも、それがこの業界の怖いところ。整体サロンに行くと怪しげなものを売りつけられる、契約させられるという悪いイメージがありますよね。僕はそういうのが嫌なので、徹底的にそういうことは排除しています。施術の料金と一緒で、最初からお客さまにはすべてをお伝えし、クロージングはしない。僕が誠心誠意、マジでやっているると納得していただいた上で、次の予約をいただく。ものを買っていただくのは、そのお客さまが本当に必要で、欲しいと言ってくださる場合に限ります。

利益については、あまり考えていません。営業しないことが営業、というのと同じです。僕が働き、その結果喜んでいただけたら、きっと金銭的なものはあとからついてくると思うのです。「ありがとう」のあとに、お金はついてくるはずです。

ですから僕は、こうして自分のビジネスポリシーだなんて偉そうに語っていますけど、実はビジネスをしているという実感があまりないのです。やるべきことを、全力でやっている、それが僕の仕事なんです。

芸能人の顧客

内田　彼のサロンには、芸能界の顧客も多いようです。芸能人に特別サービスをしたり、宣伝効果を狙ったわけではなく、偶然と口コミのおかげだと言います。いったいどんな魔法を使ったのか、彼の流儀を聞いてみました。

三島　一日に五人の未知の人と会う。それが僕のルールだというお話はしましたよね。ある日、知り合いから食事に誘われ、その場にいらした女芸人さんたちとの交流が発端です。その中にイモトアヤコさんがいました。彼女を最初に見たとき、なんだか疲れているみたいだな、と感じました。

話の流れで僕の仕事を聞かれて、これこれこういうことをしてます、と説明したら、「私の身体、どこが悪いかわかる?」と聞かれました。その場でイモトさんにちょっとだけ立っていただき、わかったことを口にしました。

「なるほど、こうでこうでこうでこうなっていて、だからこういう靴を履いていて、靴底のこういうところが先に減って、こういう症状があって、多分内臓のここが悪くなっているからこういう薬を飲んでいる可能性がありますね」

その場にいた全員が、あっけに取られていました。全部当たっていたのです。

じゃあ、とイモトさんは僕のサロンに来てくださるようになりました。気にいって気にいっていただいたようで、何度か足を運んでくださるうちに、以前よりキレイになった、元気になったとあちこちで言われるようになり、今ではどこか海外出張に行く前には必ず、メンテナンスのために来てくださいます。

イモトさんご自身が、キレイになったのは僕のサロンのおかげ、とあちこちで紹介してくださったので、芸能人の顧客が増えました。同時に、マスコミに取り上げられる機会も増えました。

愛媛からサロンへ通ってくださっている小倉葬儀社代表の小倉早織氏（左から2番目）。松山の道後温泉界隈No.1の宿、有限会社大和屋本店旅館の会長奥村氏（左から3番目）

別の人脈から僕の存在を知り、来てくださっている女優さん、タレントさんもいます。どうやら僕のサロンに行くと、運気が上がるという噂もあるらしい（笑）。

それは当然のことで、身体の力みが取れれば、人とのコミュニケーションも変わるんです。声も表情も明るくなるから、物事はすべて良い方向に変わっていく。それでその人がハッピーになってくれれば、僕も本当にうれしい。それこそが僕の目指すことだからです。

芸能界で活躍されている方たちだけでなく、スポーツ選手のお客さまもたくさんいらっしゃいます。プロのバスケットプレイヤーもいますし、テニスの選手はサーブの精度が上がったと喜んでくれました。ゴルフは大体、二〇〜三〇ヤードは飛距離が伸びると言われます。

東京近郊だけでなく、アメリカ、台湾、鹿児島、神戸、愛媛から来てくださるお客さまもいらっしゃいます。とてもうれしい、ありがたいと思っています。

地球ごと、健康にする！

内田　稼ごうとしない、営業をしない、価格設定は強気で、楽しい仕事しかしない。三島桂太くんの仕事の流儀は、これまでの仕事の流儀を遥かに超えた、独特のものでした。結果、起業以来、経営は順調です。彼はこの先、どこを目指して行くのでしょう？

三島　「地球は健康でできている」というのが理念なんです。すべては健康の上にある。成功だって幸せだってなんだって、健康があればこそ、ですよね。だからすべての人間が健康であるべきだし、地球そのものが健康である状態が、一番健全だと思う。自分の考えつく限りの努力と時間のすべてを、人間の健康に捧げて、地球に貢献したいと思っています。

これからの地球は、これからの人間次第だと思います。人類が悪いほうにいけば、地球はめっちゃシンドイことになるし、良い方向にシフトすれば、地球も良い方向にいく。未来は一緒だと思うんです。だから人間を健康にすることは、地球を健康にすることと繋がっているはずです。

別にスピリチュアルとか宗教とか、そういうのではありません。でもこのところ、地球規模で天候が不順だったり、火山活動が活発になっていたり、そういうニュースがあまりにも多すぎると思うんです。

人間の視点から見ると、寒暖の差が激しいし、災害に直結するから、大変なことだと思います。それが地球の視点に立つと、何か地球規模の新陳代謝のようにも思える。人間が体内のウイルスと戦うために体温を上げて対抗するように、地球も体温を上げている。それが天変地異に繋がっているんじゃないかと考えてみたり。

地球を人間の身体に置き換えてみたら、人間ひとりは細胞の一個、いやもっと小さい、白血球のひとつくらいかもしれません。でもそのひとりひとりが健康になれば、地球もきっと、もっと健康になる。僕はそのために、ひとりでも多くの人間を健康にしたいと思っています。

でも、地球のことばかり考えているわけではありません。何よりもまず、自分が健康であること、家族が健康であること、仲間が健康であること、そしてその次が、社会、企業が健康であること、そしてようやく最後に、地球が健康であること。その順番を、無視するわけにはいきません。家族をほっぽり出して企業や環境、社会のことを考えるのは、間違っていると思うのです。僕は何より、家族を大事に考えています。そこは徹底しています。

この春、三一歳になり、自分と会社の方針をさらに濃いものにしようと決めました。これまでのことを振り返り、この先の展開に生かそうと思っています。

内田　三島くんのビジネスポリシーを語る上で、大きな影響を与えているのが、保険営業マンの姉崎文彦氏です。彼にとって、大事な師匠のひとりです。三島くんはどうやって姉崎氏と知り合い、その教えを受け、今も交流を持ち続けているのか。姉崎氏ご自身から、詳しく話を伺いました。

出会いは、整体サロンの客として

姉崎　三島さんは、僕が通っていた整体サロンで、たまたま僕を担当してくれた整体スタッフでした。そのときの印象はほとんどありません。施術されているとき僕はたいてい寝てしまうし、そういうとき、それほど深い話もしませんから。

ところがその整体サロンが、ある日突然クローズしてしまいました。予約を取った日に店に出向いたところ、ドアは開かない、電話も繋がらない。一〇回分の料金を前払いして、まだ一～二回しか行っていなかったのに、相当頭に来ました。

それから二ヵ月ほど経った頃、三島さんから僕に、謝罪したいと連絡が入ったのです。会って話を聞いて、びっくりしました。その整体サロンが閉店に追い込まれた事情を聞くと、別に彼が悪いわけじゃない。なのにわざわざ、こんなふうに謝罪しに来るなんて、律儀といおうか、真面目というか。若いのに、仁義を大事にする人だな、と思いました。

石頭楼の松崎光江オーナー（左から２番目）。エジプト旅仲間の村上美香子氏（左から３番目）。ベストセラーの龍神＆神社本の著者の大杉日香理氏（右から２番目）。師匠のひとり、トップセールスマンの姉崎文彦氏（右）

さらに驚いたのは、「姉崎さんのお金を無駄にするわけにはいかないので、残りの分は私が無料で施術します」という彼の申し出でした。そんなことをする人間は、そうはいません。彼自身も給料二ヵ月分は未払いのままだったというのに。なんてまっすぐな人間なんだ、と思い、彼に興味を持ちました。それが彼と僕との、真の出会いになったと思います。

その後、彼のサロンに通うことにしたのですが、そのタイミングで彼から相談を受けました。彼は起業する前に一〇〇冊ほどの本を読んで勉強したらしいのですが、本には書かれていない生の意見、リアルな現場の意見を、僕に聞きたいというのです。「自分のまわりにはホームレスと売れない役者しかいないから、ちゃんと仕事をしている人の意見を聞きたい」と。そして何度も何度も連絡をくれました。

「こいつ、根性あるな」と、僕は思いました。整体ビジネスのことはよく知らないので、彼に教えられることがあるとは思えなかったのですが、僕も仕事柄、独立事業主です。自分でビジネスをやるというのはどういうことか、聞かれる分には答えよう、と思いました。

彼が一番聞きたがったのは、「ビジネスで、少なくとも失敗しないためには、どうしたらいいか」という質問でした。僕が答えたのは、文中にもありましたが、「人に会い続けること」です。僕は一日に五〇人の人と会っていますが、何人と会うかは、彼が自分で決めればいいのです。彼はそれを聞いて、「やります」と言いました。本当にやるのか、僕は半信半疑だったのですが、彼は今に至るまで、それを実行しているようです。

なぜ「人と会う」のか

なぜ僕がその時点で三島さんに、「人と会う」ことを勧めたのか。それは、基本的にすべての仕事は、人との関わりから生まれるからです。それが保険業であっても整体の仕事でもコンビニの従業員でも、人がいないと、商売は成り立たない。お客さまに評価されて初めて、ビジネスは成り立つのです。

もちろん、会えばそのまま契約が成立するわけではありません。すべての人が保険を必要としているわけではありませんし、すべての人がマッサージを受けたいわけでもない。でも一定の確率でビジネスが発生するのは、間違いありません。僕も毎日五〇人の人にお目にかかっていますが、その中から仕事に繋がるのは四~五人いるかどうか。でも、それを繰り返せば、仕事は常に生まれ続けるのです。

それに、「会う」というのは「強引に勧誘する」のとは、わけが違います。三島さんは僕の提案を受け入れて、「毎日五人の人と会う」と決めました。その五人の人たちに、プライドを持って自分の仕事に打ち込んでいる自分を見せれば、その中から三島さんに興味を持つ人は必ずいる。共鳴してくれる人は必ずいる。三島さんの施術を受けたいと思う人は必ずいるのです。

人に会わないと、何も生まれません。学びも、ビジネスも、経験値も生まれない。そうやって実際僕は仕事を続けてきたので、三島さんには自信をもって、その方法を教えたのです。

それから三年経った今、彼は大きく成長しました。仕事について、そして自分自身についても、三島さんは自信を身につけたと思います。それは彼の言葉からも伺うことができます。

会ったばかりの頃は、「僕はホームレスだし、役者として売れた経験もないし」というような言葉を繰り返していました。ところが今は、発言の内容がコロッと変わりました。

過去のことを言うよりも、自分の施術によってお客さまが喜んでくれたこと、自分だからこの施術ができるのだという自負、もっとこうしたいという夢や確信を、今の彼は口にしています。

毎日五人の人と会い、その中の一定数の方がお客さまになってくれて、その方たちの心と体を治し、整えてきたという自信が、そうさせるのだと思います。

彼は、成功する

今も彼とは、毎週のように会っています。彼からしょっちゅう連絡が来て、僕も忙しいのでスケジュールが合わず、一〇回のうち九回までは断っているのですが、それでもめげずに連絡をくれるのです。だから、彼は成功するな、と思いました。

三島さんは僕を、師匠のように思い、メンターとして認めてくれている。そういう人間に食らいついていくというのは、とても大切なことなのです。

三島さん以外にも、僕にアドバイスを求めてくる人はたくさんいます。たいてい僕は三島さんに言ったのと同じように「人と会う」ことを勧めますが、おおかたの人間は「やってみます」と言って、やらない。やってみたけれど、続かないという人間がほとんどです。そしてだんだん連絡も途絶え、僕の前からフェイドアウトしていく。

でも彼は三年間、毎日五人の人間と会い続け、同時に僕にも密に連絡を取って、報告してきます。最近どういう人と会ったか、それによってどんな気付きがあったのか。

すごい人と会ったことによって、価値観や世界観にどんな変化があったのか。ただ「人に会った」だけでなく、それによって自分がどのように成長したのかを、実に嬉しそうに話すのです。そういう人間が、成功しないはずがありません。

師匠（メンター）を持つということ

僕自身にも、メンターはいます。

今の仕事に転職したとき、僕はたいした経験もない、世間知らずでした。転職先で出会ったその人は、知識も経験も人脈もある、トップの保険営業マン。その人が、当時の僕に言ったのです。「僕は毎日、三〇人の人に会っていたから成功した。君もやってみたらどうだ？」と。

僕はやってみよう、と思いました。そして、この人と同じことをするだけでは、追いつけないだろうと思った。だから毎日会う人の数を五〇人にしたのです。世間知らずで、その数が無謀だということさえ、気が付かなかった。それでもなんとか工夫して実行し、今に至るのです。

成功したかったら、メンターは必要です。特にビジネスに関しては、自己流などありえません。誰かの真似をして、何かの真似をして、そこにオリジナリティを加えて、自分の道を作っていく。指針となる先輩と出会って、その人の行動や思考を吸収することによってのみ、自分を育てることができるのです。

誰をメンターにするかは、自由です。有名人の、たとえばイチローさんとか稲盛和夫さんでもかまわない。歴史上の人物から、西郷隆盛とか坂本龍馬にしてもいいでしょう。

僕の場合、仕事で出会ったお客さまの中にも、勝手にメンターになっていただいている人がいます。面と向かって「あなたはメンターです」というのが憚られる場合には、内緒でもいいのです。

この人はいいな、この人の考え方はスゴイ、この人の世界観を盗みたい。そんなふうに感じる方とは、たまにご飯を食べて話を聞くだけでもいい。自分には持っていない何かを持っている人には、勝手にメンターになってもらえばいいんです。

歩み続けること

三島さんには、このまま歩み続けて欲しいと思います。僕は、「成功」の反対は「失敗」だとは思わない。「成功」の反対は「足を止めること」です。歩み続けている限り、来年か、一〇年後か五〇年後かわかりませんが、必ず成功します。それは歴史が証明していることです。

僕もまた、彼から何かを学び取りつつ、歩み続けます。

内田　そしてもうひとり、三島くんが師と仰ぐのは、〝水を通じてお客さまを健康にする〟を目標に躍進する、永伸グループの山本伸次さんです。

見た目はアイドル、中身は仙人

山本　私が三島桂太さんと最初に出会ったのは、私が講師を務めた講演会だったと思います。三島さんは最前列に陣取り、私の話を熱心に聞いていました。

ビジネス関連の講演会に、三島さんのようなタイプの、ああいう外見の方は少ないので、かなり目立ちました。スーツ姿の男性たちの中で、まるで何かの、アーティストみたいなルックスですからね。しかも質疑応答の時間になると、真っ先に手を挙げて、いろいろと鋭い質問を繰り出してくるのです。そのインパクトは強烈で、『いったい何をしている人だろう？』と、興味を持ちました。

その会が終わってから控え室にご挨拶に来ていただき、互いに自己紹介をしたのですが、なんとなく波長が合ったのか、その日のうちに、一緒に食事をしよう、ということになりました。そんなに急速に親しくなるのは、珍しいことですが、三島さんはそういうことが、いとも自然にできる人なんです。

話をしてみたら、それがまた面白かった。俳優の経験があったり、ホームレスだった話は衝撃的でした。そして今は、人々の健康や幸せのために活動しようとしている。見た目はアイドルなんですけど、中身は仙人みたいな人です。

みんなに健康になってほしい、という願いは、私の理念や活動とも一致します。考え方もユニークで、刺激を受けます。どんどん話が盛り上がり、「一緒に何かできることがあれば、やりましょう」と。そこから付き合いが始まりました。

人と人を繋ぐ人

今回、私を人生の師匠のひとりとして名前を挙げてくださったようですが、僕自身は、彼とは対等な関係だと思っています。たしかに僕のほうが年長ですし、事業の経験も長いですが、どっちが上、ということではありません。

それに彼は、僕が何かしてあげるよりも先に、彼のほうからいろいろな人を僕に紹介してくれたのです。こんな人がいます、こんなことをしている人がいます、こういう人とも会ったほうがいいですよ、とね。中には、そこからお付き合いが始まった方もいます。

人と人を繋ぐ、そんな役割を、彼は自分の使命だと思っているのかもしれません。それはけっして彼自身のメリットになるわけではないのに、実に楽しそうに、人と人とを繋いでくれるのです。

信念を持っているし、ぶれることがない。高い理想を持ちながら、それを追求し続

師匠の一人、ミライズの永伸商事社長の山本伸次氏（真ん中）。同い年の戦友、世界 16 位の現役ダンサー兼東京六大学ダンスリーグ運営者の樊 旭氏（右）

けている。目標に近づいても、これでよし、とはしないで、努力を続けるところもすごいです。そして彼は、何をするにも損得で行動しません。

これは、なかなかできないことだと思います。「損得は関係ありません、お金は後からついてきます」と口先で言う人はいますが、僕の経験上、そういう人ほど、実は損得にこだわる人が多い。でも三島さんは自分からそういうことを言うこともなく、行動で示してくれるのです。

彼がこれだけ応援してくれるのだから、僕も彼を応援したい。役に立ちたいと思っています。

健康のアイコンに！

三島さんには、ここに至るまでのストーリーがある。しかも、ルックスも特徴的です。ですから彼には、健康のアイコンとして、世の中に出ていって欲しい。アイドルっぽい外見を利用して、仙人のように自らの中に蓄積した知恵と理念を、世の中に広めてほしい。彼には、自分を使ってモノを伝える、役割があるのだと思います。

世の中には、病院に行っても症状が改善しない人、薬を飲んでもなかなか治らない人、医療の範疇からこぼれてしまった人、病名のつかない症状で苦しんでいる人がたくさんいます。そういう人たちを、三島さんには救って欲しい。助けになって欲しいと願っています。

姉崎文彦（あねざき ふみひこ）

一九七九年大阪府生まれ。外資系生命保険会社の営業マンに転職後、画期的な営業を展開し、トップセールスを続けている。

山本伸次（やまもと しんじ）

アミューズメント事業とソフトドリンク事業を展開する永伸グループの代表取締役。ソフトドリンク事業は〝水を通じて健康を広める〟をキーワードに奈良県奈良市の月ヶ瀬工場、鳥取県米子市の大山工場の二ヵ所でミネラルウォーター『奥大和の銘水』『ミライズ』『大山山麓天然水　結』を生産している。

3

内田雅章、三島桂太と語り合う

三島桂太の、波瀾万丈なこれまでの人生とビジネスポリシーを振り返ったところで、内田雅章が三島本人と向かい合い、語り合った。

内田　今まで三島くんの生い立ちについては、断片的には聞いていたけど、こうやってまとめて振り返ってみると、なかなか壮絶な人生を送ってきたね。

三島　そうかもしれませんね。自分ではあまり自覚していなかったのですが（笑）。

内田　正直に感想を言わせてもらうと、マイナス要素があまりにも多いじゃないですか。都会から離れた土地で、経済的にあまり恵まれていなかったようだし、父親からのＤＶが自分にも母親にもあった。しかもご両親の離婚があって、逃亡があって。これを読んだら、「自分は生まれ育ちが悪いから何をやってもうまくいかないんだ」って思ってきた人も、何も言えなくなる。どんな環境で育っても成功できるんだ、要は自分次第なんだ、生き方次第だって、考えが変わるかもしれないね。

三島　そう思ってくれる人がいたら、うれしいですね。

内田　大人になってからも、病気をしたりホームレスになったり自殺未遂をしたり。かと思うと勤め先の整体院が倒産したのをきっかけに、自分で整体サロンを立ちあげて経営者になって、短期間で結果を出している。波瀾万丈すぎて、まるでドラマみたいだ。

三島　そうですね、僕のこれまでを話すと、たいていの人は、映画が一本撮れるんじゃないかって、言います。

内田　自分ではそういうこれまでのこと、どう思っていたの？

三島　僕は自分が特別だとはまったく思っていなくて、代々木公園でホームレスするくらい、誰だってしてるでしょ？　くらいに思っていました（笑）。でもどうやらかなりレアなケースらしいですね。自分でも、こうしてまとめて振り返ってみると、なかなか、こいつ、かわいそうだなって。それでも頑張ったから今こうしていられるんだなって思えて、これなら本を読んでくださった方に、何かしら役に立てるのかもしれないって思いました。

内田　三島くんは、そのたくさんあるマイナス要素を、あとからオセロみたいに全部プラスに変えているよね。ここではそれをひとつひとつ、検証させてくださいね。

答えは他人の中にある

内田　まず三島くんのすごいところは、ものすごく成長が早いこと。ホームレスから整体師として働き始めて、そこから独立するまでたった三年。そして現在起業してから四年目で、年収一八〇〇万円を超える素晴らしい成果を上げている。

そもそも何もないところから出発して、東京の恵比寿という激戦区にいきなり店をオープンするって、素人がいきなりメジャーリーグで戦うようなものだと思うんだ。

三島　そうだと思います。

内田　それでも、成功した。そんな短期間にどうしてそんなことが可能なのか。この本を手にした人は、そこが一番聞きたいことだと思う。

たまたま運が良かっただけだろうって、みんな、心の中では思っているんじゃないかな。だけど三島くんに関しては、運の良さだけでそうなったわけじゃない。僕から言わせるとそれは、言い方は悪いけど、他力本願に徹したおかげなんだ（笑）。

三島くんは日々、たくさんの人と出会って、その人たちから学ぶべきところをすべて吸収して、自分の血や肉にしているんです。だから成長が早いんですよ。

ビジネスポリシーを聞くと、恵比寿という場所は直感で決めたとか、値段設定は顧客設定に通じる、みたいなことを言ってるけど、そういう大事な要素も、いろいろな先輩たちのアドバイスを吸収していたから、出てきた言葉なんじゃないかな。

三島　おっしゃる通りです。誰かからこれを聞いた、この人から教わった、というものではなくて、日頃聞いてきた話が僕の中で蓄積していて、その中から湧き上がってきたものだと思います。

内田　これ、この若さでなかなかできることじゃありません。

多くの人は、特に若い頃は、自我というやっかいなものがあるので、先に自分のやりたいことをやりたがるし、自分の言いたいことを言おうとする。でもそれじゃあ、自分という小さい枠の外側には行けないんです。

三島くんも、子どもの頃は我の強い子だったらしいし、役者時代はその我が邪魔をしたのかもしれないけれど、今現在の三島くんは、まず相手から何かを引き出そうとする。それはなぜかというと、彼が何もないところからスタートしているからです。無人島から都会に出てきたようなものだと思う。ホームレスからのスタートって、そういうことだよね。何もないから、まず人から学ぶ、教えてもらう。それしか手だてがないから。

三島　そもそも僕は大学にも行っていませんから。語り合う友だちもいなかったし、何も学んでこなかったんです。

内田　でも、コミュニケーション能力だけは磨いてきたよね、声優学校に入った大阪時代から。そして今でも、その努力は続けている。だからどんな人を相手にしても物怖じしないし、自分から相手の懐に飛びこんでいって、聞きたいことを聞けるんだと思う。

とにかく、人からものを聞く天才ですよ。僕と会っていても、質問ばかりだもの（笑）。たとえば、「内田さん、いつも水を飲んでいますけど、なんで水が好きなんですか？」って。いちいちそんなこと、聞いてくる人はそういないよ（笑）。

三島　すいません（笑）。

内田　でも、「なんでですか？」という質問を臆せずにする人というのは、伸びるんです。探究心がある証拠だから。たいていの人は表面的にわかったふりをして、そのままにしてしまう。そこで終わっちゃうんだ。でも三島くんは、そこで終わらない。

三島　僕は純粋に、どうしてかなって思ったものですから。
　内田さんくらいの年齢の方で、水が好きという人は少ないですよね。たいていみんな、ビールが好きとかコーヒーが好きとか言う方が多いじゃないですか。僕はこういう健康の仕事をしているから興味がありますし、それに、世の中みんなの常識とは違うことをしている人を見つけたら、必ず「なんで？」って聞くことにしているんです。だってそういう人は必ず、答えを持っているから。その人だけのルールを持っているから。そこから僕の知らないことが飛び出す可能性だってあるじゃないですか。
　それに一応、質問するとき、タイミングは計っているつもりなんですけど……。
内田　確かにね。もう面倒臭いくらいいろいろ聞いてくるけど、うまいタイミングで言葉遣いも丁寧に聞いてくるから、面倒臭いはずなのに、面倒臭くなくなってくる。そういう意味では、三島くんは質問の魔術師だよね、僕の印象では。

三つ、パクれ！

内田　もちろんその魔法を使う相手は僕だけじゃないから、三島くんはいろんな人たちと会ったりご飯を食べたり話したりしながら、その人たちのエキスを吸収しているんです。水を飲む理由だけじゃなく、企業理念とか人を使うコツとか働くことの意味とか、どうすればもっと成長できるのか、とか。それを自分の中でかみ砕き、飲み込み、消化して、自分のものにしてしまう。そして、ふだんからよく、メモを取っているよね。

三島　はい、ピンと来たことは、なるべくその場で書き留めておきます。

僕が人の話を熱心に聞くのは、そのほうが話が早いから、なんです。内田さんのようにその道で成功した人のお話の中には、僕が考えたり悩んだりするときの答えが、すでにそこにあるんですよ。その人たちはもうずいぶん前からその答えを知っているんですから。だからこの先も僕はいろんな壁にぶち当たるのかもしれないけど、そのときの答えもすでに僕の中にはインプットされているのかもしれない。もちろん、だからといって人から吸収するのをやめる気はありません。これからもずっと、いろんな人の話をもりもり食べて、栄養にしていこうと思っています。

内田　そう！　それが正解。先に成功した人間は、すでにそのノウハウを持っているんです。それを教えてもらえば、答えはすぐに手に入る。それをしないで、自分だけでものを考えるって実は、効率が悪いんですよ。

三島　僕が俳優をやっていた頃、芝居するのは大嫌いだったんですけど、たったひとり、すごく仲良くなった演出家さんがいて、その人が言っていたんです。今、演技の技術的なものはほぼ出尽くしてしまったような状況だから、ここからスタートするなら他人から三つパクれ、と。その三つを混ぜて自分のものにしたら、それは君のオリジナルになる。だから三つパクれって。

内田　そういうことです。それ、すごくわかりやすい例ですね。三人の何かをそれぞれパクって、自分の中でひとつにすれば、それは真似じゃなくなるんだ。

三島　そのときの言葉は今、すごく生かされています。それに僕、自分で何かを考えようとして、大失敗したことがあるんですよ。

三時間くらいかかるふたり芝居の片方の役を任されて、とにかくなんとかしようとたったひとりで一週間、考えまくった。台詞を頭に入れながら、どうしようか考えて考えて、その挙げ句に僕、壊れてしまったんです。ホームレスだった時代、僕の歴史上最低の時代の話ですけど。

でも振り返ってみると、当時二三歳のひよっこの僕が、一週間寝ずに考えたところで、それを何十年もやってきた演出家を納得させられるわけ、ないんですよね。

その失敗をしたことから僕は、自分には考える頭がないんだって、割り切りました。自分にはそこまでの才能がないのだから、すでに評価されている人にエキスをしっかりいただいてやるほうがいいんだなって、実体験としてわかったんです。

ですから起業したときから、ホンマに自我なんてものはありません（笑）。俺が俺が、とは思わなくなりました。その分、人から何かを聞こう、何かを学ぼうって、そればかり考えています。

内田　なるほどね。それと三島くんがすごいなと思うのは、僕がこうこう、こうなんだよって言ったことに対して、「それは内田さんだからできるんですよ」っていう返事を一度もしたことがない、ということ。

たいていの人間は、お世辞半分なんだか、やらない言い訳なのか知らないけど、「あなたは特別です。自分にはできません」と言いがちなんだ。でも三島くんはいつも「なるほど」って、すんなり受け入れる。それは話す側にとってすごく気持ちが良いことだし、三島くんにとってもいいことだと思う。それも成長が早い理由のひとつかもしれないね。

三島語録を作ったら？

内田　次に大事なことは、三島くんが自分の言葉をたくさん獲得している、ということだね。

この本の中でもすごく良い言葉がたくさん出てくるから、僕は「三島語録を作ったら？」って言ったくらいです。それもまた、三島くんが会う人たちから吸収したものじゃないのかな。サラから出てきた言葉じゃないでしょう？　いろんな人たちと会ったりご飯食べたり泣いたり笑ったりして、エキスを吸収してるよね。それを自分の中でかみ砕いて、自分の言葉として出てきている。ひらめきじゃなくて、努力のたまもの。じゃなきゃ、こういう言葉は出てこないよ。

三島　おっしゃる通りです。まんま、いただいているだけです。心に残った言葉は、なるべく早くメモしますし、それができないときは心にメモするし（笑）。そうすると、いつの間にか自分のボキャブラリーの一部になっているんです。

内田　そうやって自分の言葉を増やすということは自分の世界を広げることになるん

ですよ。その若さで言葉をたくさん持っているというのは、素晴らしいことだと思う。

ふつうの若者は持っていないんです。「楽しい」とか「うれしい」とか「やった！」とか、その程度のボキャブラリーで日常生活を過ごしているから（笑）。でもそれでは、人と真剣に向き合おうとするとき、説得力がない。自分自身の言葉を持たないと、人を納得させられない。

三島　たしかに、そうかもしれませんね。

内田　それでなくても人間は、自分の考えていること、やっていることをうまく言葉にできないことが多いよね。何か考えたり、思いがあったとしても、それを表現する言葉を持っていないと、人に伝えるときになかなか伝わらなくて、もどかしい思いをする。誰かが言ってくれて初めて、「それそれ、僕が言いたかったのはそれ！」っていうことになる。

三島　めっちゃわかります。

内田　だから自分の中にある思いは、言葉に換えないと意味がないんです。考えたり、思っているだけなら、誰にでもできる。

三島くんは日頃から、かなり準備しているんじゃないの？　施術するときは、相手

漢方養生の第一人者国際中医師の木元聖花氏（左から２番目）。某ハリウッド女優もプライベートで使う、美容液を開発する株式会社 J LINK INTERNATIONAL 代表の木元仁玉氏（右から２番目）。話題のジュエリーシェアリングエコノミーサービスを開発した株式会社スパークルボックス社長の太田理加氏（右）

が誰であろうとマンツーマンで二時間過ごすわけだし、その間、ちゃんと信頼されて、なおかつ盛り上がるような会話をするわけでしょう？

三島　そうですね。顧客は一〇代から八〇代まで、幅広い年代の方がいらっしゃいますから。

　相手に何かを伝えるにはどんな比喩が適当なのか、いつも頭の中で考えています。「これを伝えるためには、どんな言葉が相応しいのだろう？」って。

たとえば〝天才〟というワードが出てきたら、年長の方には長嶋茂雄という名前を出すし、僕ら世代の人にはドラゴンボールの話をするし、マンガに興味のない人ならそのときテレビで注目されている人の名前を出す。世代ごとに設定をいくつも用意しています。

内田　そうだろうね、そうじゃなきゃ、社長クラスの人たちとも、会話が成り立たない。

三島　そのために幅広くいろんな本を読むし、マンガも読むし、テレビも見るようにしています。日ごろからアンテナをちゃんと立てておけば、世の中にヒントはたくさん転がっているんです。

でもそれも、自分が世の中の物事に対して、尊敬の念を持っているから拾えるのかな、と思います。自分はスゴイとか、自分は偉いと思っていると、自分の外側に対するアンテナはすぐに錆び付いて、何も感じなくなってしまうから。自分をゼロにしておいて、子どもの目になって、素直にスゴイなって思えるものは、なんでも拾っておきます。

内田　結局、大事なのはネタを仕込んで置く、ということだよね。たいていの人は、ネタを仕込むという手順を踏まないうちに、いきなり会話しようとするから、間が持たない。そして必ず言うんです、「何を話していいのかわからない」「何も話すことがない」って。そんなの、準備してないんだから、あるはずがない。

三島　会話で悩んでいる人、けっこう多いですよね。たいていそういう人は、僕は人見知りなんです、って言い訳するけど。

内田　それは人と仲良くする努力をするつもりがないっていうことと、イコールですからね。

僕もそうだけど、ネタの仕込みは準備が必要だけれど、その効力たるや、すごいです（笑）。誰と会っても、どんな話でも盛り上がることができる。

ちなみに僕の持ちネタは、ビリヤードもあるし囲碁もあるし音楽もあるしゴルフもあるし漬物もあるし（笑）。引き出しいっぱい持っているから、相手に応じて自由自在にネタを繰り出すことができる。だって、人と会って会話が弾まないと、意気投合できないじゃないですか。そこから先に進めないんですよ。

だから僕や三島くんは、相手から「気が合う」と思われやすいんです。もちろん気は合っているんですけど、それは僕らが努力しているという要素も大きいです。

三島　ですから内田さんもそうだと思いますけど、日頃、ぼーっとしている時間、ないですね。基本的に頭はいつも、シャカシャカシャカシャカ回っています。そしてもっともっと回そうと思ってる。

今、忙しくなってきているので、時間の使い方も、もっと効率良くしようと思っています。時間をもっと細かく区切って、一五分単位でスケジュールを組んだら、もっと充実するんじゃないかって。

内田　そうだね。時間の使い方も、大事な要素です。時間には限りがあるから、いかに細切れに、切っていくかが勝負なんですよ。

仕事が遅い人間というのは、だらーっと、たいていワンアポイント一時間刻みで生きているから、何をするにも時間がかかる。でも仕事ができる人間は、一五分刻みで動くことができる。しかも何時までにこれをやるって決めてから取りかかるから、効率が良いんです。

その結果、仕事ができる人ほど、余裕綽々《しやくしやく》なんですよ。仕事ができない人ほど、いつも忙しい忙しいって言いながら、顔色悪くして長時間働いている。

三島　たしかに、そうかもしれませんね。

内田　それに仕事ができない人間は、ものを考える時間が長い。長すぎる！　じっと考える自分に酔っているんじゃないのかな。答えに詰まると「ちょっと一時間考えていいですか？」って、一時間考えたって五分考えたって、出てくるものは同じなんだ（笑）。

愛の伝道師になる

内田　僕が面白いと思ったのは、三島くんの活動がすべて、愛にあふれているっていうこと。それもまた、三島くんの成功の大きな要因だと思うんです。
起業したときにも、その前に勤めていた整体院で迷惑をかけてしまったお客さまたちに、無料で施術したという話がありました。結果、それは損失にはならず、大きなプラスに作用したと言っていたけど。
そもそも三島くんは起業するとき、何を目指して会社組織を作ったの？
三島　あの、キレイごとに聞こえるかもしれませんけれど、会社って社会の幸せのためにあるものだと思うんです。そうじゃなかったら僕は個人事業主のままでも良かったんです。そうじゃなくて、僕は社会全体の幸せに関わっていきたいと思っていたので、株式会社という形を取ったんです。

内田　なるほどね。三島くんの思考ベースには、世の中全体への愛があるんだ。それはきっと、三島くんの生い立ちから来ているんじゃないのかな。

やはり生まれ育った環境って、大きいですよね。三島くんの少年期を振り返ると、愛に飢えていたとも言えるし、愛情いっぱいだった、とも言える。両方の要素を持っているじゃないですか。なかなかこれは珍しい。ふつう、足りないか多すぎるかの、どちらかです。

愛が足りなければ荒んでしまうし、その上さらに金銭的に恵まれないと、ハングリー精神ばかり育って、誰かを蹴落としてでものし上がりたいと思うでしょう。逆に愛が過剰だと、ぬくぬくの環境でぼんやり育って何かしようという積極性に欠けてしまう。三島くんのように野心もあって愛もある、というのはレアなケースだと思います。

だから一般的に見たら不遇な少年時代だったかもしれないけど、そのおかげで、どっちの人の気持ちもわかるように育った。博愛精神を獲得した、とも言えるね。

三島　共感力は高いかもしれませんね。

日本三大茶の一つ、狭山茶を世界に広める的場園の的場龍太郎氏（真ん中）。パイロットの傍らご縁つなぎをする鈴木淳士氏（右）

内田　そう、三島くんは共感するんです、誰にでも。僕から見たら、「なんでその人に手を差し伸べるんだろう？」と不思議に思うような人にも、彼は差し伸べる。上の人にも下の人にも、ストライクゾーンが広いんだね。だから、これが本当の愛なのかな、と思う。

僕はすべての人に共感なんて、できないです。すべての人に愛をあげるつもり、まったくないもの。多分、差別のカタマリかもしれない（笑）。

三島　すごい名言ですね（笑）。

内田　そんなこと言うと、みんなに嫌われるかな、まずいな（笑）。僕は、僕のまわりに来てくれた人だけは愛せるんです。来ない人まで愛そうとは思わない。

だから僕、ひょっとしたら三島くんは〈愛の伝道師〉なのかなって思うんです。たとえば二時間の施術でも、七〇パーセントはマッサージであり、三〇パーセントは三島くんの愛なんですよ。お客さまは、そこにもお金を払っているんだと思う。

三島くんはお客さまを愛しているし、愛されてもいる。だから料金がふつうよりも高額だとしても、誰もそれに対して文句を言わない。お客さまは嬉々として払っているんじゃないかな。マッサージの施術という形を通して、そこには愛情の交感というものも存在するはずなんだ。それはもちろん、男女の愛とかそういうのじゃなくてね、人間的な愛情ってことだけど。

三島　僕は、二時間という限られた時間ですけど、お客さまは皆さん、素晴らしい仕事をして成果を上げて、人生を愉しんでいる方ばかりですから、そういう皆さんを施術しながら僕は僕で、その人の二時間を独占することができて、面白い話が聞けて、パワーをもらって、知恵をいただいて、少しだけ賢くなれる。お客さまはお客さまで、僕の施術で喜んでいただける。だから僕の仕事は双方がハッピーになれる、素晴らしい仕事だなって思っているんです。

この仕事をしていると、身体に触れてお話しできるので、ふだんよりも心を開いてくださるんですね。だから、整体って仕事は実は、なかなかすごい仕事だと思う。そのへんをもっとちゃんと伝えることができたら、この業界の価値ももっと上がるのかなって考えたりします。

でも、それにしても、〈愛の伝道師〉とまでは、思いつきませんでした（笑）。

内田　でも、愛でしょう。面と向かって人と人が触れあうところに、愛は絶対必要ですよ。それはマッサージだけじゃない、営業だって交渉だって売買だって取引だって、そこに愛があれば多少のミスがあっても許される。愛がなければ、一ミリのミスでもアウトです。

三島　たしかに、そうですね！

本気で、ワクワク、生きる

内田　じゃあ、愛って何かって言うと、本気で生きているかどうか、です。本気で生きている人にしか愛は生まれないし、愛を語る資格もない。人生を本気で生きていれば、必ず愛にあふれ、愛にあふれた人たちが集まってくるんです。だからまず、本気になることがすべてです。

三島　本気というのは……、真剣に生きる、ということですか？

内田　本気で生きるっていうのは、本当にやりたいことをやるということ。誤解を恐れずに言えば、自分が思ったことをストレートに相手に伝えるということ。自分の魂に嘘をつかずに生きるということだね。

三島くんが最初に僕のところに来たとき、講演会のあとか何かで、挨拶をしに来てくれたよね？　その後も何度か顔を見せてくれて、だんだん顔を覚えたんだけど。

三島　はい、そうでした。

内田　その頃から三島くんが僕の印象に残ったのは、三島くんが何かを学びたいって、心の底から思っていたからです。それはテクニックとか計算でできることじゃない。僕はそんなの、簡単に見抜けるから。三島くんは心の底から何かを求めていたから、欲していたから、僕の心の扉をスムーズに開けることができた。つまり、そういうことです、本気で生きるというのは。

三島　あ、わかります。

内田　本気かどうかは、自分の魂が輝いているのか、自分の心がワクワクしているのか、ここがすごく大事なポイントなんです。それができているということが、本気の証になってくる。そこにはもう、制限はないよね。ルールがなければないほど、人は本気になれるから。

三島　〈ワクワク〉は僕のキーワードです。いつも、「自分はワクワクしているか？」が行動の基準だし、迷ったら、「それをする自分はワクワクしているのか？」というあたりで判断しています。ずーっと昔から、僕はそのスタンスだったような気がします。

内田　そうだろうね。三島くんの今までのヒストリーを読んでいて思ったんだけど、三島くん自身は、子どもの頃からあまり中身が変わっていないんじゃないのかな。

　小さい頃から自分というものを持っていたし、自分のやりたいことを求めて、ワクワクしたくて生きていたと思うんだ。でもそれを、まわりの人がどう受け止めたか、によって状況は全然違ってくる。

　学生時代は問題児だったり、はみ出していたのかもしれないけれど、それが声優学校に行ったり、芸能界の端っこにいたりしながら、自分に合う場所を求めていたように思う。そのあたりからだんだん、周囲に受け入れられるようになったんじゃないの？

三島　はい、そうかもしれません。別に友だちがどうしても欲しかったわけじゃないから、自分を変えようとはしなかったけど、自分が自分でいられる居心地の良い場所を求めていたような気がします。そのあげくにホームレスになったんですけど（笑）。

内田　でも、それでも自分の考え方や世界を変えようとはしなかったんだよね。そこから、自分を受け入れてくれる人が社会のどのへんにいるのか、本気で探して、求めて、経験の中から選べるようになって、その結果、今、ここにいる。自分というものを持つ、変わらずにいる、その頑固さというのも、大事なことかもしれないね。今は三島くんの言うことを理解してくれる人、わかってくれて応援してくれる人がどんどん増えているでしょう。

三島　はい、なんか、人生のステージが変わるごとに、僕のまわりにいる人、近寄ってくる人の質が変わってきたという実感はあります。今は、僕が僕のままでいてもいいと言ってくれる人たちの中で、安心して僕自身でいられるような気がするんです。

内田　自分がいるべき場所にたどり着いた、と言えるし、自分の場所を作り上げた、とも言える。そう簡単なことじゃないけど、それができたのはすごいことですよ。

三島　そうですね。やっとここまできた、という気はします。

内田　僕は思うんだけど、若い人が自分ひとりで未来を思い描いて切り拓くのは、難しいんです。そうでしょう？　だって若いということは何も経験がないわけだし、今いる場所から上は見えないわけだから。

だから人生には、三人くらいの師匠が必要だと思う。師匠というのはつまり、自分を理解してくれて、だったらこっちへ行きなさいって、道案内してくれるような存在のことだけど。本気でいれば、そういう人たちともいつか知り合えるし、その人ひとりひとりに会うたびに、ターニングポイントになっていく。

何も知らないで自分ひとりで進もうとすると、地道に歩いて行くしかない。でも東京から大阪に行くとしたら、その手段は自動車もある、電車もある、先輩に聞けば、新幹線があるかもしれない。もっとビッグな人たちに聞けば、飛行機を教えてくれるかもしれない。知らないということは、それだけで遠回りをするということ。だから、人生設計を自分ひとりで決めないほうがいいんです。

三島　内田さんは僕にとって、その三人のうちのひとりなんですね！
内田　だと嬉しいですね（笑）。

友だちなんて、いらない

内田　大事なのは、これからだと思う。三島くんはいったんホームレスまでやって、マイナスからスタートしたようなものだけど、今は、どんどん上を目指している。すごい振り幅だよね。そこには常識とかルールとか、ないじゃないですか。ふつうのスタート地点よりずっと不利な場所から、すごい高みを目指している。でもそうなると、これから次々と、手強い敵が出てくるし、未知の世界に突入することになると思います。
三島　そうですね。前よりもバイオリズムの波が大きくなっている気がします。自分は試されているし、成長しているのかな、と。でもその中で、自分を見失ったまま進んでしまうと絶対にうまくいかないと思うので、今の自分の状態を保ちつつ、視野を広げていきたい。自分の真ん中の軸がぶれないように、そこは変えずに大きい波に立ち向かっていかないといけないのかなと思います。

内田　そうだね、変化を恐れて同じことしかしない人は、力がつかないし、幅も広がらない。臆せず新しい場所に行って叩かれたり転びかけたりしながら、どんどん力がついていくといい。

三島　あと、僕はこれから、過去に縛られるのをやめようと思っているんです。今を生きるほうが大事かなって。

　説明の仕方が難しいけれど、何事にもネガティブな人、何も変わろうとしない人と一緒にいる時間は、正直、つらいんです。以前は、先ほども内田さんに言われたように、博愛主義と言われても仕方ないほど、いろんな人と密に関わっていたんですけど、最近、それにも限界があることがわかってきた。時間は貴重ですから、自分がワクワクすることにもっと自分の時間を使いたいなって思うようになってきたんです。

内田　それは、今後付き合うべき人間をどうするか、ということ？

三島　はい、そうです。もともと僕は友だちの少ない人間ですけど、たとえば同年代の経営者仲間の寄り合いみたいなものに呼ばれることもあります。するとそこには、自分とほぼ同じレベルの人間しかいない。それでは意味がないな、と思うんです。

そういう場では自分が今取り組んでいるプロジェクトのプレゼン大会みたいなこともするんですが、それが全然未来志向じゃなくて、人が集まらないとか業績が伸びないとか仕組みがうまく作れないとか、愚痴をこぼして傷のなめ合いみたいになっている。

そんなことするくらいなら、もっと上の立場の人に来てもらって、僕たちの発想から何からボロカスにけなしてもらうような会にしたほうが、ずっと意味があると思うんです。今やっていることがうまくいかないのなら、成功している先輩に直接聞いて、話を聞いたほうがいいと、僕は思う。でもそう提案したら、みんな嫌な顔をして「でも俺は、自分で考えたいんだ」って。

内田　伸びない人間の典型だね（笑）。

はっきり言って、同レベルの友だちなんていらないんです。何の役にも立たないから。いわゆる友だちっていうのは、こっちがうまくいくと妬むし、足を引っ張るし、本気で応援してくれる人なんていませんよ。今自分がいるステージに合わせて、会いたい人に会えばいいし、会うべき人に会えばいい。後ろ向きで現状維持大好き人間と付き合うのは時間の無駄だと思っています。

　でも、そうアドバイスすると、こう反論する人が必ずいるんだ。「でもあいつは、根はいい奴なんです」「性格はいいんです」って。でもね、それはふつうなんです。世の中のほとんどの人間は、性格いいし、根はいいヤツなんです。悪い人間なんて、そうはいないよ（笑）。
　だけど自分が成長したいのなら、性格が良くて何もしない人間と一緒にいても、あまり意味はない。何かする人間、動く人間、語る人間と過ごしたほうがよっぽど、いい。

三島　はい、僕もつまらない友だちはいらないのかな、と思います。親友はいますし、大切ですけどね。それに、妻は親友なんです。

内田　そうだね！　三島くんの奥さんの存在、これは大きいと思う。奥さんは僕の講演会にも何度か来てくれているし、よく知っているけど、あの奥さんがいなかったら、三島くんはこれほどにはならなかったと思う。あの奥さんにひと目惚れさせたという意味でも、三島くんは何かを持って生まれた男、選ばれた男なんだと思うよ（笑）。

三島　そうかもしれませんね（笑）。

内田　実は女性に関しては、僕も同じようなことを経験してるんです。

六年間勤めた銀行を辞めて、友だちの仕事を手伝ったりいろいろしていた時期に、銀座のクラブのママと知り合った。当時三〇歳。その人から毎日、いろいろなことを教えてもらいました。接客の仕方、お客さまとして来てくださる社長たちの心のつかみ方、生き方、考え方をね。商売がいつ、どこで決まるのか、商談はどうやって進めればいいのか。人間のどこに働きかければその人の気持ちは動くのか。いろんなことを、そのときに体得したんですよ。そこで教えてもらった知恵が、今、生きている。五〇代、六〇代の上場企業の社長たちと付き合ったり、気後れせずに向かい合えるのは、そのおかげです。

三島　内田さんにもそういう時代があったんですね。

内田　女性から教えてもらう、というのは大事なのかもしれない。男性が気付かない心の機微とか、相手の懐にするっと入る術とか、女性の視点でないとわからないことはいっぱいあるから。

　でも女性からものを教わる、というのも努力が必要かもしれないです。女性が、この人なら教えてあげてもいいわ、と思ってくれるような雰囲気を作らないと教えてくれない。だってタダで人生のノウハウを教えてくださいという、図々しいお願いをしているんだから。女性の言葉を素直に受け入れるレセプターをちゃんと持っている、というのも大事だし、女性に貢献したり、共感することも大事ですよね。

三島　女性は偉大ですよね。

成功したからこそ、要注意

内田　これから、まわりも変わってくるけど、その中で自分自身をいかに保ち続けるか、これはけっこう難しいんです。ビジネスが軌道にのってくると、邪心も湧くし、誘惑もあるし、近寄ってくる人も変わってくる。

　年収一〇〇〇万のときに近寄ってくる人と、年収五〇〇〇万になったときに近寄ってくる人では確実に人種が違います。その人たちが持ってくる案件もスケールが違ってくるし。

三島　ああ、そうでしょうね。

内田　三島くんはそのへんのこと、わかっているみたいで、さっきも、自分の軸がぶれないように、と言っていたよね。でも特に若いと、チヤホヤされるから、気を付けたほうがいい。
僕自身も、褒められたら要注意だって思っているんです。あまりよく知らない人間が褒めてくるのは、絶対に何か下心がある。何かの売り込みだろうと気になってしまいます。

三島　うーん、最近の流れの中で、思い当たることがいくつかあります（笑）。
僕はそういうとき、どうしているかというと、その人で判断するのではなく、その人のファンとか友だちとか、後ろに見える人で判断するようにしています。フェイスブックを見れば、その人の側にどんな人間がいるか、大体わかるじゃないですか。それにツイッターであげている内容を見れば、その人がどんなメンタルなのか、推測できる。〝類は友を呼ぶ〟って真理だと思います。その人の背景に、答えはほぼ見えていると思っています。

内田　僕もそう思う。だから逆もそうなんですよ。僕は、自分自身の成長も、自分の近くにいる人で測りますね。誰と一緒にご飯を食べられるレベルまで来たのか、電話一本でこの人と会えるところまで自分は来たんだ、とね。自分で自分を評価するのは難しいですからね。

動く、移動する

三島　この先の話ですけど、僕はこれからも、どんどん動き回ろうと思っています。
　今年の春先にエジプトに行ったんですけど、実は以前にも何回か誘われていたんですね。でもそのたびに断ってきた。でも今回は、その旅を主宰する方がすごくユニークで面白い方だったので、きっとすごい旅になるな、と。この人と行けば、何かを得られるのではないかと思ったからなんです。

内田　単なる観光旅行とは違う旅だった、ということだね？

三島　そうですね、みんな「おいしい」とか「楽しい」を求めて旅行に行きますけど、そういうのは日本にいたっていくらでもできるじゃないですか。それを目的に旅をしても、あまり意味がないかなって思うんです。その土地でなければ経験できないこと、そこでしか見えないもの、体験できないものがなければ、行く価値はないような気がします。あとは、人ですね。どんな人と一緒に行動できるのか、それも大きな要素だなって思います。

エジプトの No.1 ガイドであり、日本とエジプトの国交を繋ぐサラハ・アミン氏（左）

僕は今回、一緒に行った方のおかげで、エジプトのピラミッドに特別許可を得て入って、ファラオの棺の中に入って瞑想することができた。すごい経験ができました。

内田　いいね。すごいネタを仕入れたね（笑）。そのあとアメリカ旅行だっけ、西海岸にも行っていたよね。

三島　ハリウッドにいる知人が、施術を受けたいと言ってくれたので、行きました。その人によると、僕のような整体師はハリウッドにもいないらしくて。

起業したときの話で、ベッドと施術着とタオルさえあればサロンは開ける、というお話をしましたけど、出張も、同じでした。そこにベッドとウエアとタオルがあれば、僕はどこでも施術できるんです。

ホームページにも公開しているんですけど、オファーがあれば、世界中どこでも行ってみようかな、と思っています。僕を求めてくれる人がアメリカにも増えてくれたら、それはそれでうれしいですし。

内田 その身軽さがいいよね。この若さで世界をまたにかけている整体師は、三島くんしかいないと思うよ。

三島 僕にとって旅というのは、知恵を獲りに行く、という感覚ですね。

今度、僕のサロンでマヌカハニーとチョコレートを扱うことになったんですけど、マヌカハニーはニュージーランド産のハチミツで、どういう人が作っているのか知りたいので、ニュージーランドには是非行きたいと思っているんです。カカオもマダガスカルの、すごくスペシャルなものらしいので、現地に行くべきだな、と。

僕が自分で扱う以上、その商品の真価を知っておきたい。その土地の、そこの人たちに直に接することが、僕の経験値になると思っています。

それは知識じゃなくて、知恵なんです。

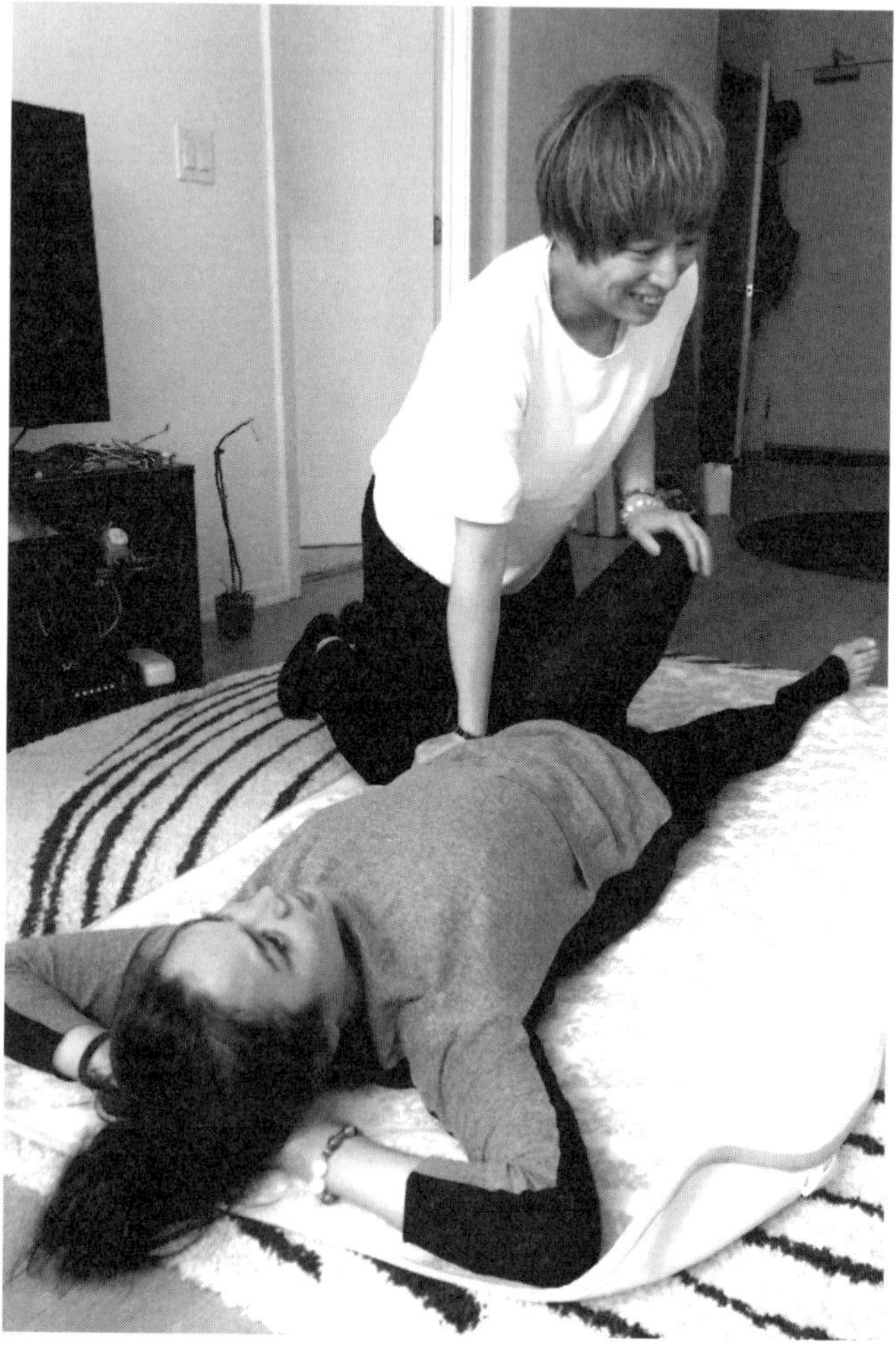

ハリウッドの知人の施術中

施術も兼ねて家族でアメリカ旅行

今、わからないことがあってもグーグルで検索すれば、いくらでも知識を得ることができますよね。でもグーグルは、その土地の空気とか現地で感じる熱量を伝えることはできない。その場で実際に、生で経験したことは、知恵になると思うんですよ。知恵を獲りに行くことに対しては、お金と時間をかけようと思っています。

内田　この一年の三島くんの移動距離を計算したら、すごいことになるんじゃないのかな。

三島　どんどんワクワクして、どんどん吸収しないと。

だって僕、自分が凡人だということを、よーく知っているんです。ただみんなよりちょっと頑張っているので、こうやって少しだけ、目立つことができている。本当にそう思っています。だから天狗になることもないし、オリジナルを生もうとも考えていません。動ける凡人、考える凡人として、世界を広げていきたいんです。

三島塾

内田　三島くんが凡人かどうかはともかく、整体師として独立二年目で年収一〇〇〇万を超えたというのは、世の中の整体師から見たら、憧れであり、目標なんじゃないかな。そこで僕はこれから、三島塾のようなものがあればいいと考えている。技だけ磨けばいいというものじゃない。マインドとして何をして、どこを磨けばいいのか、教えてあげて欲しいと思うんです。

三島　そうですね。教えるということは、僕も少し考えています。

今現在、弟子というか、教えてくれと言ってきた人がふたりいるので、毎週日曜日の午前中に、教えているんです。最初は整体の技術を教えて欲しいと言われたんですが、別に、技術は当たり前のものでしかないし、教えたものがそのまま伝わるものでもないので、メインは話をするだけです。ワクワクする考え方というか、生き方について話しています。

内田　三島くんの技術は、なかなか真似することは難しいと思うけど、人に教えることはできるの？

三島　おいしいパンが作れるかどうかはわかりませんが、パンの作り方を教えることはできます。おいしいかどうかは、その人次第。そんな感じです。

それに内田さんのお話だって、それを聞く人間によって、理解度は違いますよね？いくら内田さんが熱弁をふるっても、一〇〇聞いて、すぐに一〇〇理解できる人間は少ないと思うんです。だから僕は、先にマインドを鍛えて、吸収率を上げておきたい。三ヵ月とか半年かかると言われる技術も、心が成長してからレクチャーすれば、一週間くらいでクリアできると思うんです。

彼らに「そういうふうにしか僕は教えてあげられないけど、どうする？」って聞いたら、「やります！」って言ってくれました。

内田　楽しみだね。

三島　はい。まだそんなに時間は経っていないんですけど、そのふたり、すごく成長していいます。

　実はこの春から、麹町の日テレ通りに、二一畳くらいあるビルの一室を借りているんです。そこを使って、健康に関することを何か始めようと思ったんですね。すると彼らが、すごく積極的に動いてくれるようになった。「即行動、無理しない程度で」という僕のポリシーを着実に実行してくれていて、日本中飛び回ってストレッチとか整体の技術を集結中なんです。ああ、僕のマインドが伝わっているなって。

内田　だから三島くんから学べるものは、整体という仕事だけじゃなく、あらゆる仕事の場で有効なものなんだよ。「整体」という領域にとどまらず、多くの人を幸せにしていって欲しいですね。三島くんの一〇年後を心から楽しみにしていますね。

三島　実は僕も、〈整体師〉という肩書に、ちょっと違和感を感じ始めているんです。正直、目指すのは、身体だけ整える人間ではないかな、と。まだまだこれから、ですけど、物事の本質を見極めるとか、健康について深く考えるとか、そういうことをしていきたいと思ってます。

3
内田雅章、三島桂太と語り合う

付●三島塾から――生の証言

❶鈴木宜子さん

痩せる、歩ける、鋭敏になる

鈴木　二〇一八年二月から、三島桂太さんの講習を受けています。私は四八歳、整体関係の仕事はほぼ未経験でしたが、約半年間、みっちりと技術とマインドを鍛えていただき、施術させていただけるようになりました。

三島さんのこの方式は、とにかくすごいです。施術するのにそれほど力も特別な技も必要ないのに、確実に効果がでます。これを三島さんはこの若さで、自分ひとりで編み出したと聞き、素晴らしいと思いました。

最初のレッスンでは、私自身が三島さんに施術していただいたのですが、一回で、立つときの重心が変わりました。それまで使っていなかった腹筋が使えるようになり、そのおかげなのか、その後半年間で体重が三キロ、落ちました。特に何もしていないのに、身体が軽くなっていくのです。それも健康的に。若くて元気だった頃、ダイエットなんかしなくても痩せていた、あの頃の身体に戻ったような感覚です。

何回か講習を重ねながら、教えていただいた技を磨くために、家に戻って母親や娘に練習台になってもらいましたが、それぞれ効果がありました。

七八歳の母は、膝が痛くて杖をついて歩いていたのですが、施術のたびに痛みがなくなっていき、今ではほとんど杖なしでも歩けるようになりました。歩き方がどこか覚束なかったのですが、施術を四回くらい重ねた頃から、だいぶしっかり歩けるようになりました。

二三歳の娘は、いきなり身体が軽くなったと言います。さらに、五感が研ぎ澄まされたような気がする、特に嗅覚が鋭くなったと言っていました。しかも友人三人くらいから、顔が小さくなったと驚かれたとも言っています。

そういう、予想外の効果が次々に見つかるのが、うれしいです。人に喜んでもらえて、期待以上の言葉がいただけるのが、本当に幸せです。

ほぼ未経験の私が三島流施術を身につけるまで

技術だけでなく、驚いたのは、三島さんご自身のパワフルなキャラクターです。そもそも、私がすんなり採用されたことが驚きでした。

私は四八歳、この業種はほとんど未経験です。特技も取り柄もない、そんな人間がいきなり行っても相手にされないだろうと思っていたのですが、三島さんには先入観や偏見が一ミリもなく、まっすぐに私を見て向かい合ってくれました。一応、履歴書も用意して行ったのですが、それも必要なかったようです。

私は以前、服飾デザイナーとして働いていました。結婚し、出産を機に離職。その後離婚を経て、働きながらふたりの娘を育て上げました。このときは何はともあれ子どもを育てるために、実家のそばにある工場に勤めました。

その工場は、子育てするには条件が良かったのですが、仕事の内容はルーチンワークで淡々と時間だけが過ぎていき、あとに何も残りません。ようやく娘たちが自立できる年齢になったので、私もそろそろ自分自身を出せる仕事に就きたいと思っていたのです。

実は以前、半年間だけエステティックサロンに勤務したことがあります。そこでリンパ・マッサージを教えていただき、マッサージの仕事をしていました。そのとき、自分には人の疲れを癒すボディワークが合っているという実感があったのですが、そのサロンは勤務時間が長く、子育てと両立できずに半年でやめざるを得ませんでした。

今回は友人が、たまたま三島さんの施術を受けたことがあり、スタッフを募集しているらしいと教えてくれました。とはいえ、私は四〇代後半、経験は少ないし、特技も資格もありません。応募してもあまり歓迎されないだろうと覚悟してお目にかかったのですが、そんな心配は必要ありませんでした。

トントンと話を進めてくれて、「では、一緒に学んで行きましょう！」と。しかも私の立場は「〈弟子〉ではなくて、〈同志〉みたいなものです」と言ってくださいました。どうして私が採用されたのか、不思議なので、最初の講義のときに聞いてみました。

「どうして私で良かったんですか？」

するとと三島さんの答えは、

「お給料とか勤務時間とか条件は一切聞かずに、とにかく何かやりたい、という熱意が見えたから」と。なんだか、うれしかったです。

それから毎週一回、三島さんに施術を教えていただいて、そろそろ半年になります。ひとまず基本的な技術はマスターしたということで卒業です。まだ何も決まっていませんが、今後、恵比寿のサロンで施術をさせていただくことになると思います。

アウトプットの充実を目指す

教えていただいたのは、施術のノウハウだけではありません。マインドについても、じっくりと教えていただきました。技術よりも先に、人としてどうあるべきか。自分がどんな人間で、何をしたくて、自分自身をどのようにアウトプットすべきか。施術者として自分に何が求められているのか、自分は何を提供できるのか。

正直、最初のうちは三島さんの言葉を聞いて、ぽかーんとしてしまいました。〝この人はいったい、何を言っているのだろう?〟と思ったくらいです。技術以外にそんな要素が必要だとは、あまり考えていませんでした。

でも、ふだんの三島さんを見ていて、だんだんとわかったのです。三島さんはどんな人にもストレートで、無邪気で、愛情たっぷりなんです。人間愛の表現というのは、こういうことなのかな、と思う瞬間がいくつもありました。それがなければ、整体の技術は形だけのものになる。必要なのは技術とマインド、両方なのです。両方揃った上で、お客さまに料金をいただけるのだとわかりました。

今のところ三島さんには、私にはアウトプットの要素が不足している、と言われています。自分がどんな人間なのか、それをどう表現していくのか、お客さまとどのように共感していくのか。技術とともにそのような点を磨いていきたいです。

実際、私自身のマインドにも、少しずつ変化がありました。友人いわく、以前よりも迷うことが少なくなり、決断力がついたように見える、とか。

感受性も、若干磨かれたのかもしれません。一回目の講座のあと、近所の美術館に足を運んだのですが、作品から受ける感動が、以前よりも鮮烈なのです。作家の想いが直に伝わってくるような気がします。これは三島さんに出会ったおかげだな、とその場で納得しました。

三島さんと私とでは、性格もカラーも違います。真似しても意味がありません。私なりの、私らしい施術者になるために、頑張ろうと思っています。

❷小林圭さん

身体への施術、心への働きかけ

小林　三島桂太さんと知り合ったのは二〇一八年の三月。まだ半年しか経っていませんが、三島さんとの出会いをきっかけに、僕自身もストレッチの講師として活動を始める予定です。三島さんとの出会いで僕の人生は大きく変わろうとしています。

最初は、客として三島さんのサロンに行きました。腰痛があり、体調も良くなかったのです。そこで施術を受けながら、いろいろ話をするうちに、三島さんが、「ひょっとしたら小林さんは身体が不調なだけではなく、気持ちにも何か、ひっかかっているのでは？」と言ってくれました。確かに、その通りでした。

僕は今、三七歳です。二〇代はずっと、ヴォーカル・グループの一員として活動していました。歌う仕事は楽しかったのですが、三〇代に入る頃、活動を停止。その後、父が体調を崩したのをきっかけに、実家の仕事を手伝うようになりました。

数年後に結婚し、子どもも誕生しました。このまま家業を継いで安定した生活をしていくのかな、と思っても、心のどこかで〝このままではイヤだ〟と思っていた。やりたいことを見失って、変わりたい、自分を変えたいと思いながら、それができずにいた。それを三島さんが察知してくれたのだと思います。

「自分のこと、好きですか？」と聞かれて、「大嫌い！」と答えると、「それは絶対ダメです」と言われた。「本当に変わりたいと思うなら、お手伝いしますよ」と言われ、僕は本当にそのとき、変わりたいと思っていたので、お願いしました。

そこで三島さんと話すうちに、自分の中にコンプレックスや負の感情、ネガティブな思考があることが自覚できました。自分で自分を好きになれない理由は、そこにあったのです。それらを捨てることによって、すごく楽になった。人生を前向きに考えられるようになりました。そもそもサロンに行く理由だった腰痛もいつのまにかなくなっていて、文字通り身も心も、軽くなりました。

三島さんと出会って人生が変わった

サロンに行ったのは今年の三月のことですが、三島さんの存在は、以前から知っていました。サロンを紹介してくれたのはKENさんという僕の友人で、彼は三島さんが俳優をやっていた時代の仲間なのです。

〝元俳優で整体師に転身し、今素晴らしい技術を持っている人がいる〟という噂は耳にしていましたし、KENさんから三島さんが一時期ホームレスだったという話も聞いていた。ずいぶん波瀾万丈な人生だな、と思っていました。

そして実際に三島さんの施術を受け、話をすると、驚きました。整体の技術はもちろん素晴らしいのですが、それだけではない。精神面がすごくしっかりしている素敵な人間なのです。明るくて、パワフルで、しかも社交的で、どんな相手にも合わせられる。自分よりずっと年長の、社会的な地位のある方といるときも自然体で、しかも自分の思いをちゃんと伝えることができる。すごく真面目な一面もあるし、何よりも人が好き。そしてどこか不思議なところもあって、魅力的です。

その後、二度三度と三島さんと会ううちに、内田雅章さんのセミナーに誘われました。内田さんのお話を聞いて、三島さんの人脈の作り方、仕事への取り組み方、生き方の一部は内田さんから吸収したものだということがよくわかりました。

そして僕自身、急激に変わっていたのだと思います。内田さんのセミナーに行ったその日のうちに、「僕も健康と美容をテーマに本格的に仕事をやりたいと思っています」と三島さんに伝えました。

もともと、健康には関心があったのです。自分自身、ダイエットに苦労した経験がありますし、妻が美容関係の仕事をしていたこともあって、美と健康が密接に繋がっていることを感じていました。闘病中の父を見ていて、発病する前の健康管理が必要だと、身にしみて感じていました。さらに、子どもが生まれたことから食に関する興味が湧き、身体そのものへの関心と興味は人一倍強かったのです。

三島さんはすぐに反応してくれました。

「実は東京・麹町に場所を確保したので、そこで本格的に健康と美容に関する仕事を始めたいと思っていたところです。仲間が必要だと思っていました。小林さん、何かやりたいことがあるなら、そこでやりますか?」

すごい急展開です。でもすでに僕の中にも、答えが用意されていました。

大阪に、すごいストレッチを提唱している女性がいるのです。その人の技術を、ぜひ東京で展開したいと思っていました。実はその女性は、ヴォーカル・グループ時代のメンバーのひとりの母親で、以前からその姿に憧れていたのです。

同志の小林圭氏（右）とソネジュンコ氏（左）

ライブ活動で大阪に行くたびに、よくお世話になっていました。身体のケアはもちろん、生き方、ルックス、すべてに魅了されていました。何より彼女が提唱しているストレッチが、「すごい！」のです。

「やりたいことがあるなら、すぐにやったほうがいい」という三島さんの声に押されて、すぐに大阪に飛び、ソネジュンコさんに教えを乞いました。

ソネさんはソネ式クィーンズストレッチを提唱し、大阪で超人気サロンを開いている方です。ソネ式は積極的に足指や足裏を動かすことで身体のバランスを整え、脚の筋力をアップするというもの。三島さんの施術理論と共通するところが多いのです。バランスボールや専用のポールを使いながら筋肉の柔軟性や筋力をアップし、無理せず効果的に身体を整えることができます。

その技術をもとに、この秋から麹町で、ストレッチ教室を展開する予定です。

ですから僕は、三島さんの整体の技術は、まだ学んでいません。三島さんには弟子ではなく、同志と呼んでいただいています。三島さんと一緒に、みんなが健康になれる方法を探し、提供し、みんなに幸せになって欲しいと思っています。

そこで教えるのはストレッチですが、僕は同時に、〈自分の身体を健康にするのはまず自分だ〉ということを伝えていきたい。自分の身体を一番よく知っているのは自分自身だから、です。ストレッチの方法だけでなく、どのような身体が本来あるべき身体なのか、どうあるべきかを、一緒にお伝えしたいと思っています。

三島さんは努力の人

まだ半年の付き合いですが、三島さんを見ていると、よくわかります。彼は素のままで今の成功を手にしたわけではない。すごい努力をして、自分自身を育ててきたのだと思います。

最初は、もともとカリスマ性があるから年長の経営者たちとも対等に向かい合えるのだと思っていました。でもふだんの彼を見ていると、忙しい中、いつもアンテナを張っていますし、勉強が好きだし、人の話をちゃんと聞いているし、たくさん本を読んでいる。だから知識が豊富だし、どんな人を相手にしてもフランクに、対等に話ができるのです。

彼を紹介してくれたKENさんによると、俳優時代の三島さんはもっと天然に近い、今とは全然違うキャラクターだったとか。整体師として、経営者として、ひとりの人間として、彼は努力して自分を成長させてきたのだと思います。

三島さんのキーワードは、ワクワク、です。「ワクワクすることをやりましょう」と、よく言っています。最初にそれを聞いたとき、僕はとてもネガティブな精神状態だったので、正直、その言葉を素直に聞けませんでした。「ワクワクはしたいけど、なんかウサン臭いな」と感じていました。

でも自分自身がポジティブになった今は、ワクワクという言葉が大好きです。そしてワクワクという言葉の魔術なのか、言葉だけでなく、気持ちも生き方も人に対する態度も、前向きになっているのを自覚しています。

そして今度は僕が、誰かをポジティブにしてあげたい。麹町のサロン開業を前に、みんなを元気で健康にしてあげたいと思っています。

あとがき●内田雅章さんとの出会い　三島桂太

三島桂太です。僕の話をここまで読んでいただき、ありがとうございます。

この本を作るにあたって、最初に内田雅章さんから「三島くんの本を作ろう！」と言っていただいたとき、本当にありがたいと思いました。

今まで内田さんには、いろいろな方を紹介していただきましたし、僕から内田さんに、何人か紹介させていただくこともありました。それだけでも、とても感謝していますが、一緒に本を作るとなると、関係性が変わります。すぐそばで、ビジネスパートナーとして内田さんを見ることができる。きっと、たくさんの気付きがあるだろうし、刺激を受けるだろうし、多くを学ぶことができるはずだ。そう思ったのです。

予想通り、打ち合わせの段階から、僕のインタビューや対談に至るまで、内田さんの仕事ぶりに感動しました。スタッフ全員の意思統一をした上で、話の内容を的確にナビゲートし、要所要所できちんと指針を示してくれる。そして対談では、僕にとってとても大事な話を、たくさんしていただきました。それらをまとめたのが、この本です。

僕はまだ三一歳、若輩者です。僕についての本、というと、多くの人から「まだ若いのに？」という反応がありました。でも内田さんがそう決断してくださったのですから、きっとそこには意味がある。それだけの価値がある。そう確信しています。

今回、僕は自分のこと、今までの自分に起こったことすべてをお話ししました。どんなふうに皆さんが受け止めてくださるのか、とても楽しみです。そして読んでくださった方の人生に、何かの役に立つのであれば、何か刺さるものがあれば、ありがたいと思います。

内田雅章（うちだ まさあき）

TOP CONNECT株式会社代表取締役社長。
成長起業発掘人。1970年愛知県生まれ。早稲田大学商学部を卒業後、三和銀行（現・三菱UFJ銀行）入行。システム部、東京本部審査部等を経て、2000年に退行。その後、マンションデベロッパー、仕出し弁当販売、銀座のクラブ経営などを経て、日本ベンチャー協議会事務局長に就任。そこで培った社長ネットワークを活かし、2004年株式会社就職課を設立。現在は人脈を切り口とした新規事業創出および事業アライアンスのコンサルティング業務を軸に執筆・企業研修・全国での講演など幅広く活動中。2014年にはTOP CONNECT株式会社を設立し、トップダウン営業支援に特化した提案コネクトサービスを展開中。

◉主な著書

『すごい！ビジネスモデル』（万来舎）、『すごい！ビジネスモデル2』（発行：TC出版／発売：万来舎）、『図解「人脈力」の作り方』（講談社+α文庫）、『すごい！人間関係力』（PHP研究所）、『政治屋失格』（ビジネス社）、『5つの仕事力』『伝説の就活』（以上ゴマブックス）などその他多数。

三島桂太（みしま　けいた）

株式会社HPP代表取締役社長。
根本改善美容家。モデル、俳優という仕事を通じて美容に興味を持ち、整体、リフレクソロジー、足踏み、ストレッチ、アーユルヴェーダ、五行説、オイル、骨気、骨盤矯正などあらゆる美容法を学ぶ。そこから筋肉、骨、リンパ、経絡すべてを整え、一過性の施術と違いゴールの見える施術、「根本改善美容理論」を開発。さらに、心と身体は二つで一つという理念からクリスタルセラピー、ウォーターセラピー、オーラリーディングなど、心に働きかけるケアを学び、心身ともに根本から美しくする施術を追求している。

装幀 • 薄 良美
本文デザイン • 大関直美
本文写真 • 三島桂太
表紙・扉写真 • 川井一歩
編集協力 • 増田七重・五十嵐 淳・宮原真里
編集 • 岡本麻佑

元ホームレスから世界を目指す男
三島桂太の挑戦

2018年12月19日　初版第1刷発行

著　者：内田雅章・三島桂太
発行者：内田雅章
発行所：TC出版
〒104-0061　東京都中央区銀座3-11-3 LEAGUE402
TEL　03(6278)8763／FAX　03(6278)8769
発売元：有限会社万来舎
〒102-0072　東京都千代田区飯田橋2-1-4
九段セントラルビル803
TEL　03(5212)4455
Email　letters@banraisha.co.jp

印刷所：株式会社エーヴィスシステムズ

ISBN978-4-908493-29-4

Thank you as always.

40人の
三島桂太応援団

私たち、世界を目指す三島桂太くんを応援します!!
三島くんは不思議な人です。
まわりの人の健康に寄り添うだけでなく
地球規模で幸せを願う
「愛の伝道師」なんです。
読者のみなさまもぜひ応援してください!!

東 信幸

株式会社 HATHM代表取締役

小学5年生からフィギュアスケートを習い始めたが伸び悩む。高校生のときにバネトレと出会い、運動センスは生まれつきではないことを知り急成長し、国体に3年連続出場。その後、バネトレトレーナーとなり、年間3,000本のパーソナルレッスンを通じて運動能力の向上をサポート。
http://banetore-movie.com

阿部 志織

株式会社エル・マジェスタ代表取締役

女性だけのオーケストラ「ウーマンオーケストラ」を組織。「生演奏を身近に」をコンセプトに、「会いに来るオーケストラ」として虎ノ門ヒルズなどの商業施設や企業パーティー、イベントなど、年間100回を超える演奏活動を行っている。登録アーティストは現在100名になる。

和泉 貴子

クリスタルボウル演奏家・セラピスト

演奏家、作家としてCDアルバムやオラクルカードなどの著作、楽曲を多数提供。その独自のメソッドは医療や能力開発の分野からも注目されている。クリスタルボウル演奏、瞑想会、講演、セミナー、脳波測定を導入したセッション、奉納演奏などで国内・世界各地で活動中。
https://izumitakako.jp

一ノ瀬 京介

株式会社アートカルチャーズ代表取締役社長

大学卒業後、俳優として舞台、ドラマなどに出演。その後、本格的にエンターテイメント事業を開始。2017年にサステナクリエーションファミリーを立ち上げ、全公演の脚本・演出・振り付けを担当。1年数ヵ月で総来場者数4,600名を超える。
http://sasutena-create.net

井上 英里香

フリーアナウンサー

大学卒業後、四国放送のアナウンサーを経てフリーアナウンサーに。現在は主に「テレビ埼玉 BACHプラザ総合司会」「千葉テレビ ビジネスビジョン」「tvk ヨコハマハイカラナイト」など、関東を中心に活動。その他、ラジオパーソナリティや話し方講師などオールマイティに活躍している。

臼倉 斉史

株式会社 uA 代表取締役社長

美容を通じて豊かな毎日を創造することをコンセプトに、技術の確かなスタイリスト、ネイリストのみでお客さまを迎えるマンツーマン型のパーソナルヘアサロン「HAIR MAKE il」を経営。TV、雑誌、イベントのヘアメイクからイベント自体の制作も行う。
http://il-hairmake.jp/

大木 貴之

株式会社 SPEC 代表

2011年、東レアローズに入団し、V・プレミアリーグ、天皇杯・皇后杯全日本バレーボール選手権大会優勝。2017年に退団し、「アスリートに選択肢と可能性を」をテーマに現役アスリート支援を目的とした株式会社 SPEC を設立。スポーツの社会的革新を目指して日々奮闘中。

大津 伸詠

baby&kids Uh-Oh！代表

「子どもがのびのび、ママはにっこり」をコンセプトに、ベビー＆キッズ向けの洋服や雑貨を世界中から集め、オンラインショップを展開。心を込めた接客、お客さまとのコミュニケーションを大事にした運営を目指す。また、今後はワークショップやイベントなども予定。
https://www.uh-oh.shop/

櫛引 恵

Padma オーナーセラピスト

不調を根本から改善することを追求し、アーユルヴェーダに出会う。毒素を排出すると生きやすくなることを実感し、Padmaをオープン。未病な状態が多い現代にあって、健康を取り戻し、楽しく生きられるように「おうちでできる毒出し」として手技や食などの講座を開講。
http://padma-ayur.main.jp/

栗原 由光

株式会社マキシマムアビリティー代表取締役

「食を通して野菜の本来の美味しさをたくさんの方々に知って頂きたい！」という理念のもとに、オーガニックレストラン「WE ARE THE FARM」を経営。ここでは自社農園、無農薬、無化学肥料、固定種、露地栽培の健康で最高に美味しい野菜を提供。三島くんが年間100回はランチに通うお店。

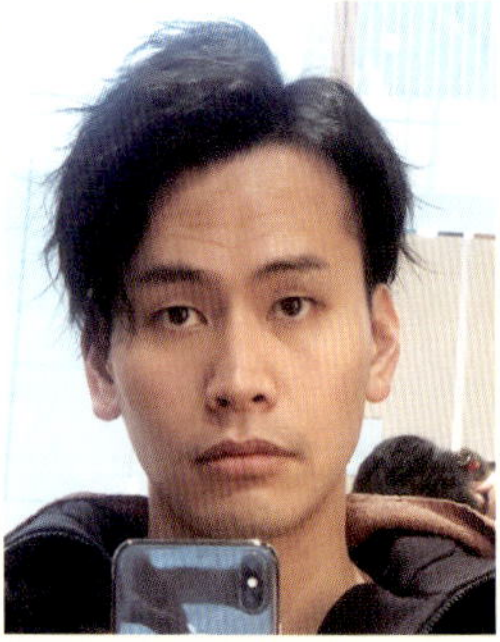

KEN

アーティスト

ダンスボーカルグループ「S☆RUSH」で作詞・作曲を担当。また、書道家としても活動し、渋谷 LOFT にて個展を開催。舞台ではミュージカルなどにも出演し、アーティストへの楽曲提供なども行っている。

小島 亜紀子

パーソナル・インプレッションアドバイザー

ラスベガスで毎年開催される「Mrs. Continent」世界大会に日本人で初めて出場し、2017年度の第５位を獲得。パーソナル・インプレッションアドバイザーとして、クライアントの価値拡大、眠っている魅力を引き出すための活動を行っている。

小玉 百夏

女優（ワオ・エージェンシー所属）

16歳より本格的スタントアクションを学び、数々の映画やドラマの現場で実績を積む。現在は芝居を中心に活動。近年はパーソルホールディングスのCMでメインを務め、NHK朝の連続テレビ小説などのドラマ、有名アーティストのMV出演など活動の場を広げている。

坂和 香織

株式会社アモラボ代表取締役

専業主婦から起業したECサイトをシェア1位まで成長させ、3年でバイアウトに成功。その後、日本初の芸術家専門のマネジメント事務所AMOLABOを創業。芸術家が創作活動に専念出来る環境の構築と、作品販売以外の利益を生み出す仕組みをメイン事業に、世界で活動中。

酒巻 藍

NoirBG代表

接客予約待ちのお客さまが出る元アパレル販売員。現在は生体電流の乱れを整えるCS60を使い、プライベートエステサロンを経営。今春からはジェンダーレスアパレルブランドNoirBGを立ち上げ、自分らしく好きなものを着たい、持ちたい、そんな方向けのブランドを展開中。
https://noirbg.com

志村 義明

株式会社リード・パートナーズ代表取締役社長

シンクタンクに勤務後、一棟収益物件を扱う不動産会社を設立。月間15万人以上が訪れる日本最大級のアパート経営ノウハウサイト「不動産投資ユニバーシティ」を運営。「価値ある投資情報の提供」を目指し、サイトの会員数は1万人を超え、セミナー参加者も延べ2,000人を超えている。

白壁 雷太

美容家・St Flair® DNA栄養学カウンセラー

80年の歴史を誇る美容医療一族の3代目。サフォクリニック＆リュウズクリニカルスパの2代目、CEO。美容医療業界、美容業界の未来のために活動する美容家であり、美肌づくりエイジングケアアドバイザーとして日本、海外で講演。また、近年はDNAの解析を行い、それを元にした栄養学カウンセラーとしても活躍中。

鈴木 結香

株式会社キャリアステーションハートフル代表取締役

女性キャリアコンサルタントが20名近く在籍する女性による女性のための就業支援会社を経営。女性が持つさまざまなバックグラウンドに合わせ、プロが相談に乗れる環境作りに力を入れる。人材派遣や職業紹介を通したお仕事紹介も可能。
http://career-tiara.com/heartful/

瀬川 ももえ

女優（えりオフィス所属）

北海道網走市出身。海外ボランティアを通して人生の価値観が変わる。幼い頃からの夢だった女優を志し24歳で上京。25歳で現事務所に所属し、女優としての活動をスタート。舞台を中心に活動してきたが、現在ではCMやドラマにも活動の場を広げている。
http://www.erioffice.co.jp/

Seth Luan

Enrich Inc. CEO and Founder

イノベーションスペシャリスト。ITイノベーションで世の中の無駄をなくし、世界の人々の生活を豊かにしている。SONY Xperia 初代開発者。

高橋 尚志

株式会社 Light&Hope 代表取締役

人の才能と情熱を発掘し、磨き上げ、社会に活かすことに使命を燃やす営業教育家経営者。さまざまな分野の事業主やセールスパーソンに対して本質的な教育を提供し、真にファンを増やしながら営業実績向上に貢献している。

寺島 裕人

株式会社オモロー代表取締役

25歳まで社会不適合者として過ごす。その後、ある出会いをきっかけに人と人との間に生まれる可能性の大きさを感じ、200以上のイベント企画など次々と新しい事業を立ち上げる。その結果、「あかん、俺の人生オモロすぎるわ」と気づき、さらに「オモロー」という名の会社を設立。
https://www.omorooooo.co.jp/

鳥羽 周作

sioハレンチ株式会社代表取締役社長

話題のフレンチレストラン「sio」シェフ、通称海賊シェフ。睡眠2時間で眠気覚ましにオーブンで腕を焼くなどのエピソードからは想像もつかない繊細なフレンチを提供する。料理業界の仕組みに違和感を持ち、オリジナルな仕組みで成功するまさに海賊シェフ。
http://sio-yoyogiuehara.com/

中原 由貴

女優

2006～2016年、宝塚歌劇団月組に在籍し、煌月爽矢の芸名で男役として活躍。卒業後は本名である中原由貴で芸能活動を行い、舞台やCMなどに出演。また、ラジオ番組のパーソナリティーを務めるなど幅広く活動中。

西住 祐弥

旅行士

旅行会社や経営コンサルタントを営む3法人の代表。世界初の海外旅行カタログギフト「ギフトラ」をリリースし、大きな災害によりクラウドファンディングでの資金調達が困難な中、40日間で506万円を集め、達成率506%でチャレンジ部門歴代2位に輝く。

野崎 千恵

株式会社 Selfine 代表取締役社長

現役看護師であり、予防医療の講師、健康経営セミナー講師など、健康に特化したサービスを展開中。

初芝 恵梨菜

Dearly 合同会社代表

自身の18kgのダイエットと摂食障害の経験から、ただ痩せるだけではなく、心と身体に寄り添ってサポートをする、パーソナルダイエットサロン「Romantic Diva」を経営。また、結婚相談所「Romantic Bride」を設立し、綺麗になった先のサポートまで行っている。
http://romantic-diva.net

原田 浩太郎

株式会社Skin's Language代表取締役社長

スタイリストに付いて経験を積み、タクシードライバーをしながら経営者との人脈を形成し、独立。2015年、メンズ専門の経営者・事業者に特化したファッションプロデュースの事業を立ち上げる。今では上場企業の社長からプロサッカー選手まで幅広い層にファッションを指南している。

樊《はん》 旭《あきら》

プロダンサー

大学卒業後、就職するも1年半で退社し、プロダンサーに転向。2017年、ストリートダンス世界大会「World Dance Coliseum」でベスト16の成績を収める。また、一般社団法人東京六大学ストリートダンス連盟を立ち上げ、理事長となる。

平野 紀江

セラピスト

アサイト公認のクレアボヤント（透視）であり、ダウジングや神聖幾何学メソッド、クリスタルヒーリングとオーラリーディングの技術を統合したトータルなセラピーを実践。三島くんのインナーチャイルドのブロックを解き、愛に目覚めさせるきっかけをくれた師匠のひとり。
http://mahou-jyuku.com

堀川 智鶴

一般社団法人Get in touch代表

東日本大震災をきっかけに、誰も排除しない「まぜこぜの社会」をめざし、各種団体や企業、省庁などと一緒に活動する「Get in touch」を立ち上げる。アートや音楽、ファッション、映像、舞台など、ワクワクを通して「私たちはすでに色とりどりで多様」であることを可視化、体験化している。目標は解散。

前田 悠衣

「社員ひとりひとりの幸福度が高まる企業を増やす」を大義として活動。色と花のさまざまな力と可能性を上手に使うことで、生活環境や人間関係をよりよくすることを目指している。“色”と“花”を通して、新たな感動と癒しを届けている。
https://maedayui.com

町田 明生晴

コミュニケーション心理セラピスト

人の悩みや苦しみを根本から改善する心理療法の専門家。個人セラピーとセラピスト育成の実績は3,000人以上。人のすべての悩みについて、対人関係を結ぶ特定の心理構造からくる原因を改善し、人生が劇的に好転することを実証している。三島くんのカウンセリングの師匠。

松野 エリカ

ERICHE 代表

ビューティークッキングサロン「ERICHE」を主宰。「健康美食」「食べて綺麗にダイエット」をコンセプトに掲げ、「美容料理家」として活動。料理教室のリピーター率が 80%を超える。アラブ首長国連邦のドバイにも進出し、ドバイ王室にスイーツを献上した実績を持つ。
http://eriche.jp

マヤ・レイ

タロット占い

霊感とタロットを組み合わせた占術「キャリアタロット」の創始者。幼少期より霊感が強く、占い師を志して霊力を高めるため聖地を巡る。その後、導かれるようにタロットと出会い、タロットとキャリア（霊感）が融合することで、より詳細な鑑定ができることに気づき、精度の高い助言を行っている。

村上 美香子

PANTALA 代表

生活の中で心と身体に安心・安全なものを使うことを心掛け、2017年、100%植物油脂 & 乳化剤無しの手作りボディクリームが周囲から好評を得たことをきっかけに専業主婦から起業。お客さまの美と健康に役立つ商品をお届けしている。
http://www.pantala.jp/

森 隆弘

アテネオリンピック水泳日本代表

現在は水泳コーチ、エステサロン経営をしながら学生に夢を語る先生として全国で活動中。EFFORT スイミングスクールは森隆弘が設立したスクールで、高い技術指導力を持っている。
http://mori-swim.net/morijuku/

山分 和也

航空機機長

人をつなぎ、組織に和をもたらすことを天命とし、会社の枠にとらわれない、さまざまな場所でたくさんの人の笑顔を作ることに貢献している異色のパイロット。大事にしていることは誠、恩、志、熱意、覚悟。

吉崎 仁康

フリーアナウンサー

スポーツキャスター、テニスコメンテーターとして、テニス４大大会のテレビ中継などで実況を担当し、多くのテニスイベントや選手とのトークショーのMCを務める。また世界初、猿にテニスを教える「テニスをするサル」動画をYou Tubeで配信中。

yoshi_yoshizaki@ab.auone-net.jp

渡辺 優

株式会社ビーウェルス代表取締役社長

量子力学、脳科学、自律神経、腸内環境をベースにした「覚醒コンサルティング」を個人、法人向けに提供。食改善、環境蘇生をテーマに微生物、バイオ事業にも取り組み、全国に組織を拡大中。
http://www.be-wealth.jp